시부사와 에이이치의

윤리경영 리더십

<NHK 100분 명저>의 저자에게 배우는 논어와 주판 철학

시부사와 에이이치의
윤리경영 리더십

초판 1쇄 발행 2025년 3월 13일

지은이   모리야 아쓰시
옮긴이   이주영
발행처   예미
발행인   황부현
편 집   박진희
디자인   김민정

출판등록   2018년 5월 10일(제2018-000084호)

주소   경기도 고양시 일산서구 강성로 256, B102호
전화   031)917-7279   **팩스** 031)911-5513
전자우편   yemmibooks@naver.com
홈페이지   www.yemmibooks.com

ⓒ 모리야 아쓰시, 2025

ISBN 979-11-92907-70-3   03320

<NHK 100분 명저>의 저자에게 배우는
논어와 주판 철학

시부사와 에이이치의

윤리경영 리더십

모리야 아쓰시 지음
이주영 옮김

예미

왜 일본과 세계는 시부사와 에이이치에게 주목하는가?

답이 보이지 않는 시대에 답을 만들어간 인물

시부사와 에이이치渋沢栄一는 2021년 NHK 대하드라마 〈청천을 찔러라青天を衝け〉의 주인공으로 등장했고 새 1만 엔권 지폐의 초상 인물이 되었습니다. 이에 따라 '시부사와 에이이치'라는 이름이 일본에서 대중에게 널리 알려지게 되었습니다.

메이지 시대(1868년 10월 23일~1912년 7월 30일)부터 쇼와 시대(1926년 12월 25일~1989년 1월 7일)까지 시부사와가 설립에 관여한 것은 약 500개의 기업(도쿄상공회의소의 조사에 따르면 정확히는 482개)과 약 600개의 공익단체(병원, 복지, 교육, 이재민 지원)였습니다. 매달 하나씩 관여했다고 쳐도 90년 이상이 걸린다는 계산이 나옵니다. 믿기 힘들 정도로 엄청난 개수입니다.

뿐만 아니라 시부사와는 당시 험악해진 미일관계를 개선하기 위해 민간 외교 활동을 벌이면서 다이쇼 15년(1926년)과 쇼와 2년(1927년)에 2년 연속 노벨 평화상 후보에 오르기도 했습니다.

또한 시부사와는 현재 '재무성'에 해당하는 대장성에서 일하면서 '개정국改正掛'이라는 특별 개혁팀을 새로 만들었습니다. 시부사와가 이끈 개정국은 도량형의 통일, 근대식 우편제도의 도입, 화폐제도의 통일, 조세제도 개정, 철도 부설, 근대식 은행제도의 도입, 음력 대신 양력 사용을 추진했습니다.

'시부사와 없이는 일본의 근대화도 없었다'라고 말해도 좋을 정도로 시부사와는 근대 일본을 만드는 데 많은 노력을 기울였습니다. 그런데 사실, 시부사와는 일본에서 대중적으로 유명한 인물은 아니었습니다. 그러다가 최근 약 10년 전부터 시부사와의 인지도가 높아지면서 시부사와가 살아온 삶의 방식을 동경하거나 시부사와의 대표 저서인 《논어와 주판》을 애독서로 꼽는 사람들이 급격히 늘어났습니다.

예를 들어 일본 프로야구 홋카이도 닛폰햄 파이터스의 구리야마 히데키栗山英樹 감독이 선수들에게 매년 《논어와 주판》을 나누어주는 장면이 뉴스에 종종 나오기도 했습니다. 필자와의 인터뷰에서 구리야마 감독은 이런 말을 했습니다.

"야구에서 내 자신은 무엇을 해야 할지, 이런 것만 기본적으로 제대로 알아도 자연스럽게 열심히 노력하게 됩니다. 자신의 뜻만 확고하다면 얼마든지 열심히 할 수 있죠. 다른 사람들에게 '열심히 해'라는 말을 들어봐야 별로 큰 의미가 없습니다. 스위치를 켜는 것은 저의 의지니까요. 그런데 이 의지를 불태우려면 시부사와 철학이 필요합니다. 그래서 '시부사와 에이이치님, 죄송하지만 힘 좀 빌릴게요. 잘 부탁드립니다'라고 마음속으로 양해를 구합니다."*

기업 지원에서 선구적인 역할을 하는 '사무라이 인큐베이팅'의 사카키바라 켄타로榊原健太郎 대표이사도 이런 말을 했습니다.

"저도 시부사와 에이이치처럼 50년이나 100년 후에 '아, 이런 대기업을 사카키바라 켄타로라는 사람이 만들었구나'라는 평가를 들었으면 좋겠습니다."**

모바일 뉴스 큐레이션 서비스를 제공하는 구노시Gunosy의 창업자인 후쿠시마 요시노리福島良典 대표이사도 이런 말을 했습니다.

---

*   <청연青淵> (2020.6) 공익재단법인 시부사와 에이이치 기념재단
**   <청연> (2014.9)

"답이 보이지 않던 메이지 시대에 시부사와 에이이치는 답을 만들어 갔습니다. 마찬가지로 답이 보이지 않는 요즘 시대에도 참고가 됩니다."*

구리야마 감독이 말한 '시부사와의 철학'이란 무엇일까요? 후쿠시마 대표이사는 '답이 보이지 않던 시대'에 시부사와는 답을 만들어 갔다고 했는데, 시부사와는 어떻게 답을 만들어 갔을까요? 이러한 의문점을 푸는데 도움을 주는 열쇠가 시부사와의 사상이 고스란히 담긴《논어와 주판》입니다.《논어와 주판》에는 시부사와의 인생, 시부사와가 이상으로 삼은 경제체제인 '합본주의合本主義'가 잘 정리되어 있습니다. 따라서《논어와 주판》을 자세히 분석해 답이 보이지 않던 시대에 답을 만들어 간 시부사와에게서 힌트를 얻고 싶었습니다. 이러한 마음에서 이 책을 쓰게 되었습니다.

---

*   <청연> (2016.1)

세계에서도 주목받는 시부사와 에이이치

최근 시부사와의 인기는 일본에만 머물러 있지 않습니다. 해외에서도 시부사와를 주목하고 있습니다. 이와 관련된 내용을 소개해 보려고 합니다.

원래 해외에서 시부사와를 높이 평가한 인물이 미국의 경영학자 피터 드러커Peter Drucker였습니다. 드러커는 세상을 떠난 뒤에도 여전히 세계에 큰 영향을 끼치는 '지식의 거인'으로 통합니다.

드러커의 대표 저서《매니지먼트Management》는 일본어로도 번역이 되었는데, 서문에는 이런 내용이 나옵니다.

「솔직히 말해서 경영의 '사회적 책임'을 논한 역사적 인물 중에서 시부사와 에이이치에 필적할 만한 인물을 본 적이 없다. 시부사와는 그 위대한 메이지를 구축한 인물 가운데 한 명이다. 시부사와는 경영의 본질은 '책임'이라는 사실을 그 누구보다도 일찍 간파했다. (중략) 이 책이 처음부터 끝까지 다루는 내용도 결국에는 시부사와가 일찍이 파악한 '경영의 본질은 책임에 있다'라는 내용에 주석을 다는 해설에 불과하다.」*

---

* 피터 드러커의 《매니지먼트》 일본어판의 제목은 《매니지먼트 : 과제, 책임, 실천 マネジメント 課題・責任・実践》

드러커가 경영학자이자 사회학자로 활약한 20세기 후반은 일본이 경제대국이 되어 놀라운 발전을 이루던 시기였습니다. 드러커는 일본이 패전이라는 굴레를 벗어나 기적과도 같은 경제발전을 이룬 비결은 무엇인지 큰 관심을 가졌습니다. 그러다가 그 성공의 출발점에 시부사와의 식견과 활동이 있었음을 발견한 것입니다.

또한 2011년부터 국내외의 저명한 경영사 전공 교수들이 시부사와에 관한 연구 프로젝트에 참여했는데, 그 성과가 2017년에 토론토대학교 출판부에서 펴낸 《윤리적 자본주의 : 글로벌 관점에서 본 시부사와 에이이치와 비즈니스 리더십ETHICAL CAPITALISM : Shibusawa Eiichi and Business Leadership in Global Perspective》에 소개되었습니다. 동양경제신보사에서 출간된 일본어 번역판의 제목은 《글로벌 자본주의 속의 시부사와 에이이치グローバル資本主義の中の渋沢栄一》입니다.

프로젝트를 주도한 인물은 시부사와 에이이치 기념재단에서 연구부 부장을 지낸 적이 있는 국제 정치학자 기무라 마사토木村昌人였습니다. 기무라 학자는 이런 말을 했습니다. "해외의 교수들이 공통적으로 지적한 내용이 있습니다. 리먼 브라더스 사태 이후 탐욕적인 자본주의가 더 이상 통하지 않으면서 도덕과 경제의 관계를 다시 생각해 보게 되었는데, 시부사와 에이이치의 사상과 실천을 참고하면 도움이 된다는 것이었습니다. 이후에 해외의 교수들은 시부사와를 연구하기 시작했습니다. 그러다가 점차 부상하는 중국에서 시부사와가 인기를 얻고 있다는 것을 알게 된 해외의 교수들은 시부사와에게 더욱 흥미를 느낀 것 같습니다."

기무라 학자의 말처럼 최근 중국은 시부사와라는 인물과 시부사와의 저서《논어와 주판》에 주목했습니다. 2020년 11월에는 중국에서《논어와 주판》의 번역서가 9종이나 출간되었습니다. 중국은 윤리적 자본주의를 구상하면서 시부사와라는 인물, 그리고《논어와 주판》에 나타난 시부사와의 사상에 대해 많은 연구를 하고 있습니다.

그리고 시부사와와는 직접 관계가 없기는 하지만, 2019년에 미국의 비즈니스 라운드테이블(일본의 경제단체연합회에 해당)이 〈기업의 목적에 관한 성명〉을 냈습니다. '주주의 이익 극대화를 기업의 최고 목표로 삼은 주주 지상주의株主至上主義'를 접고 '기업의 이해관계자는 모두 꼭 필요한 존재다. 따라서 회사, 공동체, 국가가 성공할 수 있도록 모든 이해관계자가 이익을 가져갈 수 있도록 하겠다'*라고 선언한 것입니다. 앞으로 소개할 시부사와의 '합본주의' 사상과 크게 다르지 않습니다. 시부사와의 합본

---

*　〈하버드 비즈니스 리뷰Harvard Business Review〉(2019.9.11), '미국 톱 기업의 경영자가 주주 자본주의와의 결별을 선언'

주의 사상이 먼저 나왔고 그로부터 100년 이상이 지난 뒤에야 미국이 뒤를 따르고 있는 셈입니다. 앞으로 미국이 어느 정도 진지하게 기업의 모든 이해관계자들을 고려하는 방향으로 갈지 지켜봐야 할 것 같습니다.

또한 본문과 관련해 미리 알려드릴 것이 있습니다. 시부사와의 생애를 다룬 제1장과 제2장에서 주석을 달지 않은 시부사와의 어록은 시부사와의 자서전 《우야담雨夜譚》*을 직접 현대어로 번역한 것입니다. 본문에서 인용한 《논어와 주판》, 《논어강의論語講義》, 《청연 회고록青淵回顧録》의 내용도 모두 현대어로 번역했습니다. 드러커의 글은 이사카 야스시井坂康志 선생님의 가르침 덕분에 인용할 수 있었습니다.

끝으로 이 책을 완성할 수 있었던 것은 공익재단법인 시부사와 에이이치 기념 재단의 시부사와 마사히데渋沢雅英 전 이사장님, 이노우에 준井上潤 이사님, 기무라 마사토木村昌人 전 연구부 부장님의 배려와 지도 덕분입니다. 그리고 NHK 출판사의 이모토 미쓰토시井本光俊 담당 편집자님의 노력 덕분이기도 합니다. 본 지면을 빌어 감사의 인사를 드립니다.

---

*   국내에서는 《일본의 설계자, 시부사와 에이이치》라는 제목으로 번역되었다.

옮긴이의 글

2024년 7월 3일부터 1만 엔권 지폐의 새 얼굴이 된 시부사와 에이이치는 '근대 일본 경제의 아버지'라고 불릴 정도로 일본 경제의 기틀을 닦은 인물이다. 실제로 일본에 관심 좀 있다는 사람이라면 들어본 적 있는 도쿄증권거래소, 미즈호 은행, 히토쓰바시대학, 기린맥주, 제국호텔 등 많은 기업과 기관의 설립에 관여한 것이 바로 시부사와다. 하지만 시부사와는 경영인이라는 수식어만으로는 부족하다. 사회사업은 물론 노벨평화상 후보에 두 번이나 오를 정도로 민간외교에도 큰 비중을 두고 힘을 썼기 때문이다.

그 어떤 나라보다도 일본을 잘 알아야 하는 한국은 시부사와라는 인물을 다각적인 시각으로 볼 필요가 있다고 생각한다. 일본 최고액권 지폐의 초상 인물이 되었다는 것은 일본 정부가 선택한 새로운 리더십이기 때문이다. 뿐만 아니라 2021년 NHK 대하드라마 〈청천을 찔러라〉가 일본에서 높은 시청률을 기록하면서 혼란했던 시대를 유연한 태도로 헤쳐나간 시부사와의 인생이 새롭게 주목을 받았다. 일본에서 시부사와 관련된 전시회가 마련되었고 시부사와의 모습이 프린트된 텀블러와 에코백 등의 굿즈도 판매되었다. 일본에서 대중이 시부사와를 느끼는 거리가 가까워지는 순간이었다. 일본 사람들 사이에서 필독서로 꼽히는 것이 시부사와의 대표 저서인《논어와 주판》이다. 시부사와가 언뜻 양립하기 힘들어 보이는 '도덕'과 '비즈니스'는 함께 가야 한다고 주장하며 윤리경영의 선구자가 될 수 있었던 비결이 《논어와 주판》에 잘 나와 있다. 《논어와 주판》은 공자의 어록이 담긴 유명한 고전《논어》를 시부사와가 비즈니스 버전으로 재해석한 명저다. 사회 기업가 정신을 강조했던 이병철 삼성그룹 창업주도 시부사와처럼《논어》를 인생의 지침으로 삼았다는 사실은 잘 알려져 있다.

국내에도 시부사와의 인생과 업적을 분석한 책이 나와 있고 시부사와의《논어와 주판》도 번역본이 약 3종 나와 있다. 그러나 정작 일본이 바라보는 시부사와에 관한 책은 아직 나와 있지 않다. 균형 잡힌 시각을 위해서는 일본이 바라보는 시부사와도 알 필요가 있다.

이번에 번역한 《시부사와 에이이치의 윤리경영 리더십》은 일본 공영방송인 NHK의 자체 출판부에서 펴냈고 NHK 명저 시리즈에서 《논어와 주판》을 일반 독자들에게 친절하게 설명한 중국 고전 전문가 모리야 아쓰시 저자가 집필한 것이 특징이다. 신뢰할 수 있는 출판사와 저자가 만나 시부사와의 생애, 활동, 《논어와 주판》을 종합적으로 바라 본 일본도서로는 이 책이 유일하다. 놀라운 우연일지는 몰라도 《시부사와 에이이치의 윤리경영 리더십》과의 만남도 2023년 NHK에서 이루어졌다. 공저 《알면 다르게 보이는 일본 문화 3》으로 NHK 국제라디오 한국어 방송 〈하나카페〉에 출연한 후에 다나카 신 PD님의 안내를 받아 NHK 스튜디오를 견학하다가 NHK 출판사의 서점에 들르게 된 것이다. 바로 여기에서 국내에도 이미 번역된 저서들이 있어서 인지도가 있는 모리야 아쓰시 저자도 참여한 《NHK 100분 명저》 시리즈를 보게 되었다.

모리야 아쓰시 저자가 《NHK 100분 명저》 시리즈에서 다룬 '논어와 주판 편'의 기반이 되었으며 누구나 읽기 쉽게 구성한 책이 이번에 번역하게 된 《시부사와 에이이치의 윤리경영 리더십》이다. 이 책은 단순히 시부사와의 생애와 업적을 나열한 것이 아니다. 답이 없는 혼돈의 시대에 답을 만들어 간 시부사와의 삶에 나침반이 된 철학을 방향을 잃은 현대 사회의 우리들이 어떻게 적용하면 좋을지 지혜를 전하는 책이다. 특히 갈등과 이분법이 난무하는 현대의 대한민국에게 이 책은 혼란과 변화의 시대를 살았던 시부사와가 어떤 방식으로 합의와 균형을 찾아갔는지 힌트를 줄 것이다.

목차

제1장 | 격동의 인생 전반기 : 시부사와 에이이치의 생애 ①

시대가 낳은 인물

6장 | 왜 《논어》인가

유학자가 대중화시킨 《논어》

제7장 | 서로 반대되는 두 가지 사이에서 균형을 잡는 사상

남존 여비의 부정

제1장

격동의 인생 전반기 : 시부사와 에이이치의 생애 ①

시대가 낳은 인물

문학가이자 사상가인 고다 로한幸田露伴은 일찍이 시부사와를 가리켜 '시대가 낳은 인물'이라고 평가했습니다. 확실히 시부사와는 변화의 물결에 휩싸인 시대 속에서 탄생한 걸출한 인물입니다. 실제로 시부사와는 에도막부 말기부터 메이지, 다이쇼, 쇼와까지 격동의 시대를 온몸으로 경험하는 인생을 살았습니다.

시부사와도 자신의 인생을 돌아보며 이렇게 표현했습니다. "알에서 태어난 누에가 네 번의 잠을 자고 네 번의 허물을 벗는 과정을 거쳐 고치를 짓고 나방이 되어 다시 알을 낳는 것처럼, 제 처지도 24년~25년간 네 번 정도 변화하고 있습니다." 실제로 시부사와는 여러 번의 변화를 몸소 겪으며 격동의 시대를 헤쳐 나갔습니다.

시부사와의 인생은 크게 다섯 가지의 시기로 요약할 수 있습니다.

1. 천황을 받들고 외세를 배척하자는 '존왕양이尊王攘夷**' 운동을 벌인 시기**

2. 그야말로 우연한 계기로 도쿠가와 3대 가문 중 하나인 히토쓰바시一橋 **집안의 가신을 거쳐 막부의 신하가 된 시기** : 아이러니하게도 막부를 타도하자고 외쳤던 시부사와가 막부의 신하가 된 셈입니다.

3. 파리 만국박람회에 일본 대표단으로 참가한 시기 : 이렇게 해서 시부사와는 프랑스를 경험하게 됩니다. 외세를 배척해야 한다고 직접 말했던 시부사와가 오히려 유럽에 직접 가게 되었습니다. 나아가 유럽에게서 큰 영향까지 받으며 변화해 나갔습니다.

4. 메이지 정부의 관료가 된 시기 : 시부사와는 대장성에서 활약했습니다.

5. 기업가와 사회 사업가로 활약한 시기 : 책머리에서도 소개했지만 시부사와는 481여 개의 기업과 약 600개의 공익단체 설립에 관여했습니다. 말 그대로 시부사와는 '일본 자본주의의 아버지', '일본 경제의 아버지'로 불릴 정도로 일본의 경제 분야에

큰 기여를 했습니다.

얼핏 시부사와는 서로 완전히 다른 가치관 사이에서 우왕좌 왕하는 인생을 산 것처럼 보일 수도 있겠습니다. 하지만 시부사 와는 결코 우유부단한 인물이 아니었습니다. 상황에 따라 태도 를 달리하는 시부사와는 꼬불꼬불한 뿌리처럼 보일 수는 있어도 그 뿌리는 중심이 탄탄해 결코 쉽게 흔들리지 않습니다. 이 내용 은 뒤에서 다루도록 하겠습니다.

시부사와가 태어난 시기는 도쿠가와 막부가 몰락하기 27년 전인 덴포 11년(1840년)이었습니다. 세계사에서는 이웃나라 중국 에서 아편전쟁이 발발한 해입니다.

참고로 1840년 전후로 일본에서 태어난 유명인들을 살펴봅 니다.

- 시부사와보다 열두 살 많은 사이고 다카모리西郷隆盛(도쿄 우 에노 공원에 동상으로 세워질 정도로 일본에서 유명한 메이지 유신의 영웅 중 한 명)
- 시부사와보다 열 살 많은 오쿠보 도시미치大久保利通(메이지 시대에 활약한 유명 정치인)
- 시부사와보다 일곱 살 많은 기도 다카요시木戸孝允(메이지 정 부 최고 실력자 중 한 명)
- 시부사와보다 다섯 살 많은 이와사키 야타로岩崎弥太郎(미쓰비

시 창업주), 후쿠자와 유키치福沢諭吉(메이지 시기의 계몽 사상가. 이전 1만엔 지폐의 초상 인물)

- 시부사와보다 네 살 많은 사카모토 료마坂本龍馬(메이지 유신의 길을 연 일본 최고의 영웅)
- 시부사와보다 한 살 많은 다카스기 신사쿠高杉晋作(일본의 근대화에 큰 영향을 끼친 막부 말기의 정치가)
- 시부사와와 동갑인 구로다 기요타카黒田清隆(제2대 내각총리대신)
- 시부사와보다 한 살 어린 이토 히로부미伊藤博文(메이지 시대의 정치가)

이처럼 시부사와는 에도막부 말기 유신지사로 활동한 인물들과 거의 같은 시대를 살았습니다.

한편, 시부사와가 세상을 떠난 쇼와 6년(1931년)에는 만주사변이 일어났습니다. 일본이 중국과의 전쟁에 돌입하는 상징적인 사건이 일어난 해였습니다.

시부사와는 지금의 사이타마현埼玉県 후카야시 지아라이지마深谷市血洗島에서 태어났습니다 지아라이지마무라는 작은 마을이었는데, 이 근처에는 에도 시대에 도쿄와 교토를 잇는 도로인 나카센도中山道의 아홉 번째 역참이던 후카야슈쿠深谷宿가 있었습니다. 그리고 도네강利根川의 선착장인 나카세 강변터中瀬河岸도 있었습니다. 상업과 교역으로 번창하던 지역이 바로 코앞에 있었습니다.

하지만 지아라이지마무라는 도네강이 범람하는 일이 잦아서 논이 적었습니다. 게다가 당시 이곳을 지배하던 오카베번岡部藩은 가난한 번이었습니다. 이러한 배경이 시부사와의 사상이 만들어지는데 큰 영향을 끼쳤습니다.

시부사와 에이이치는 아버지 이치로에몬市郎右門과 어머니 에이米 사이에서 태어났습니다. 시부사와의 집안은 농사도 짓고 누에도 기르고 염료도 팔았습니다. 한 마디로 부유한 농민이자 상인 집안이었습니다. 아버지 이치로에몬은 양자로 들어와 기울어가던 집안을 일으켜 세웠을 정도로 뛰어난 인물이었습니다. 현대로 치면, 당시에 이치로에몬의 연수입은 1,000만 엔 정도였습니다.

시부사와 에이이치에게는 형제자매가 많이 있었으나 대부분이 어린 나이에 일찍 세상을 떠났습니다. 시부사와 에이이치는 집안의 대를 이을 장남으로 귀하게 자랐습니다. 참고로 시부사와 에이이치는 시기에 따라 이치사부로市三郎, 에이지로栄治郎, 미오美雄, 에이이치, 아쓰타유篤太夫, 아쓰타로篤太郎 등 상당히 다양한 이름으로 불렸고 세이엔青淵(한국어 한자 발음으로는 '청연')이라는 '호'도 가지고 있었습니다.

시부사와 에이이치는 여섯 살 때부터 아버지와 함께 어린이용 한문 입문서인 《몽구蒙求》와 《논어》 등을 읽었습니다. 이른바 시작은 '논어식' 학습이었습니다. 공부 머리가 남달랐던 시부사와 에이이치는 일곱 살이 되자 열 살 많은 한학자 사촌형인 오다카 아쓰타다尾高惇忠(보통은 '신고로新五郎'라는 이름으로 불림)가 문을 연 학원에 다니며 본격적으로 한문을 익혔습니다. 시부사와는 오다카로부터 《사서오경》, 《좌전》, 《사기》, 《일본외사》, 《일본정기》와 같은 일본과 중국의 고전을 배웠습니다.

오다카의 가르침은 매우 독특했습니다. 지금으로 치면, 딱딱한 학습서를 억지로 읽게 하지 않고 학습자가 읽고 싶은 책을 재미있게 차근차근 읽어가게 하는 교육법이었습니다.

독서를 하며 독해력을 기르려면 읽기 쉬운 책부터 시작해야 한다는 것이 오다카의 교육관이었습니다. 또한 오다카는 《사서오경》을 꼼꼼히 읽고 외우는 것으로 끝나서는 안 된다고 했습니다. 《사서오경》을 진짜 나의 지식으로 만들어 제대로 활용하려면 나이를 먹고 사회 경험을 두루두루 해야 한다고 생각했습니다. 시부사와는 이러한 오다카의 독서교육 덕분에 독서에 푹 빠졌습니다. 심지어 시부사와는 정월에 세배를 가는 길에도 책을 읽다가 구덩이에 빠져 설빔을 더럽히는 바람에 어머니에게 심하게 야단을 맞기도 했습니다.

뛰어난 상인 기질

시부사와는 매일 독서를 시작으로 검술을 연습하거나 학문을 익히며 시간을 보냈습니다. 그러다가 열네 살 혹은 열다섯 살 때부터는 아버지의 권유로 가업도 열심히 도왔습니다. 시부사와가 일손을 도운 가업은 보리농사, 염색에 필요한 쪽 만들기, 누에치기였습니다. 시부사와의 집안은 다른 사람으로부터 쪽을 사들여 염료로 만든 다음에 도쿄를 비롯해 관동지방의 북부에 있는 염색 가게에 납품하고 나서 나중에 대금을 받는 일도 했습니다.

시부사와는 이처럼 일찌감치 '주판' 분야에서도 재능을 보였던 것입니다.

열네 살이 된 어느 날, 시부사와는 아버지로부터 "쪽이 필요하니 할아버지를 모시고 장에 다녀오너라"라는 말을 들었습니다. 시부사와는 가는 길에 할아버지에게 자신이 맡은 일을 제대로 해보고 싶다면서 혼자서 다닐 수 있게 해달라고 부탁했습니다. 할아버지의 허락을 받아 시부사와는 혼자서 마을을 돌며 쪽을 사들였습니다.

하지만 아직 상투를 튼 소년에 불과한 시부사와를 제대로 존중하며 상대해주는 사람은 아무도 없었습니다. 그러자 시부사와는 전에 아버지와 함께 장을 보면서 배운 대로 이런저런 지적을 했습니다. "이것은 비료의 양이 적습니다", "이것은 비료이지 깻

묵(콩이나 생선에서 기름을 짜내고 남은 찌꺼기)이 아닙니다", "물기가 제대로 마르지 않아서 안 됩니다". 이처럼 시부사와는 마치 병을 진찰하는 의사처럼 하나하나 잘못된 부분을 지적했습니다. 깜짝 놀란 마을 사람들은 똑 부러지는 아이가 온 것 같다며 신기해하면서 그제서야 시부사와를 상대해 주기 시작했습니다. 그렇게 시부사와는 쪽을 대량으로 구입하는데 성공했습니다.

또한 어느 해에 시부사와는 근처 마을에서 많은 쪽을 사들인 후에 스모 선수들의 랭킹표인 '반즈케番付' 비슷한 것을 만들었습니다. 쪽을 많이 만들어 판매한 사람들의 순위를 매긴 표였습니다. 시부사와는 쪽을 많이 만들어 판매한 사람들을 따로 초대했습니다. 그리고 쪽의 품질에 등급을 매겨 그 순서대로 초대 손님들의 자리를 정했습니다. 이렇게 해서 가장 품질이 좋은 쪽을 만든 사람부터 차례로 상석에 앉게 되었습니다.

쪽을 만들어 파는 사람들의 경쟁심을 부추기면서도 '내년에는 정성을 들여 더욱 좋은 쪽을 만들어 주십시오'라고 격려를 해주는 것이 시부사와의 방식이었습니다.

이처럼 시부사와는 어릴 때부터 장사를 해보고 돈을 직접 만졌습니다. 훗날 시부사와에게 커다란 무기가 되는 경험이었습니다. 요즘으로 말하면 시부사와는 일찍부터 비즈니스와 회계 감각을 기른 인물이라고 할 수 있습니다.

대관*에게 받은 모욕

그러던 어느 날이었습니다. 시부사와는 인생의 전환점이 되는 사건 하나를 겪게 됩니다.

시부사와가 열일곱 살 때였습니다. 마을을 지배하던 영주가 시부사와의 가족과 친척에게 어용금(御用金, 부유한 상인들에게 부과하는 세금의 일종)을 요구했습니다. 오카베번은 쌀농사를 짓기에는 힘든 환경이었기에 항상 돈이 부족해 쪼들렸습니다. 그러자 영주는 번의 부족한 재정을 메우려면 '어용금'이 필요하다면서 으레 부유한 농민 등에게 돈을 빌리곤 했습니다.

시부사와는 아버지의 대리인 자격으로 대관소代官所(대관이 근무하는 곳)에 갔고, 그곳에서 와카모리若森라는 이름의 대관으로부터 오백 냥이라는 거금을 내라는 영주의 분부를 전해 들었습니다. 그러자 시부사와는 이렇게 대답했습니다. "아버지 대신 왔습니다. 그러니 오늘은 액수만 전해 듣고 돌아가겠습니다. 일단 아버지께 여쭤보고 분부를 받들겠습니다." 시부사와는 아버지를 대신해 왔기 때문에 그 자리에서 즉각 답을 하지 않으려 했습니다. 그러자 대관이 탐탁지 않아하면서 무시하는 말투로 나오기

---

* 대관代官(군주나 영주를 대신해 일정지역을 지배하던 관리)

시작했습니다.

"너, 몇 살이야?"

"아, 예. 열일곱 살입니다."

"열일곱 살이면 여자도 살 수 있는 나이잖아. 그러니 삼백 냥이나 오백 냥은 대수롭지 않을 텐데. 말귀를 제대로 알아들어야 출세도 하고 체면도 서는 법이야. 아버지에게 물어보겠다니 무슨 소리를 하는지 모르겠다. 너희 집 재산에서 오백 냥은 별로 큰돈도 아닐 텐데. 일단 알아보고 다시 오겠다니, 그런 미적지근한 말 따위는 허락하지 않는다. 나중에 아버지에게는 내가 말을 할테니까 일단 여기서는 바로 '분부를 받들겠습니다'라고 해라."

이 밖에도 시부사와는 대관으로부터 계속 기분 나쁜 말을 들었지만 "일단 집에 가서 아버지에게 여쭤봐야 하오니 여기서는 바로 대답을 드릴 수 없습니다"라는 말만 반복해 겨우 그 자리를 벗어났습니다. 아버지는 영주의 명령을 거역할 수는 없을 것 같다며 시부사와에게 오백 냥을 전했습니다. 하지만 시부사와는 대관에게 받은 모욕에 대해 두고두고 가족 앞에서 이렇게 말했다고 합니다.

"정말로 따귀를 때리고 싶을 정도로 분노가 치밀었습니다."

그리고 시부사와는 이런 생각을 품게 되었습니다.

'오카베번의 영주는 정해진 세금은 꼬박꼬박 받으면서도 갚지도 않을 돈을 '어용금' 따위의 이름을 붙여 징수한다. 게다가 사람을 경멸하고 조롱하며 마치 빌려 간 돈을 내놓으라는 듯이 당당히 명령한다. 도대체 이런 법이 어디 있단 말인가? 대관은 말투와 태도로 봐서는 결코 지식인은 아닌 것 같다. 이런 자가 대관이 되어 사람들을 마음대로 무시하다니, 이 모든 것이 관직을 세습하는 도쿠가와 막부의 정치 때문이다. 막부 정치가 손을 쓸 수 없을 정도로 썩을 대로 썩은 것 같다. 깊이 생각해 보니, 이런 정치 아래에서 백성으로 살아 가봐야 나 역시 벌레처럼 지혜라곤 눈곱만큼도 없는 저 대관 같은 인간에게 계속 무시를 받겠지. 정말 유감이다. 그렇다면 더 이상 농민으로 살고 싶지 않다. 이렇게 살아가야 할 이유는 없으니까.'

그런데 시부사와만 이런 생각을 품었던 것은 아닙니다. 당시에 재능 있던 하급 무사나 농민들도 비슷한 생각을 하고 있었습니다. 이들의 생각은 각지에서 구체적인 행동으로 나타나 마침내 낡은 봉건 체제를 무너뜨리는 원동력이 되었습니다.

다카사키성 습격 계획

시부사와가 성인이 되던 시기에, 일본은 시대적으로 커다란 변화를 맞고 있었습니다. 당시 일본을 뒤흔들던 대표적인 사건들이 있었습니다. 미국의 페리 함대 내항(1853년), 미일화친조약

체결(1854년), 존왕양이론의 대두, 사쿠라다 문 밖의 변(1860년)*
입니다.

시부사와의 주변도 들썩였습니다. 학문의 스승인 오다카 아
쓰타다를 중심으로 동생인 오다카 나가시치로尾高長七郎, 시부사와
의 사촌형인 시부사와 요시사쿠澁沢喜作, 그리고 인근에서 온 존왕
양이 지사들이 모여 당시의 정치정세를 놓고 격렬하게 토론했던
것입니다.

오다카 아쓰타다가 추구하는 학문은 '존왕양이'를 주창하던
미토학의 영향을 받았습니다. 아쓰타다 주위에 모여든 사람들도
같은 사상으로 뭉쳤습니다. 스물두 살이 된 시부사와는 두 달 정
도 에도(도쿄의 옛 이름)에 유학하며 유명한 유학자 '가이호 교손海
保漁村'의 문하생이 되었고 치바 슈사쿠千葉周作가 문을 연 검술 도
장 '겐부칸玄武館'에도 다녔습니다. 그리고 에도에 모여 있던 존왕
양이 지사들과도 계속 교류했습니다.

이윽고 젊은 혈기의 이들이 생각해 낸 계획은 그야말로 놀라
웠습니다. 바로 다카사키성高崎城** 점령과 요코하마 공격이었습
니다.

---

*　　에도 성　사쿠라다 문 밖에서 막부의 대로大老 이이 나오스케가 양이파에게 암살당한
사건.
**　　지금의 군마현

거사의 순서는 이러했습니다. '우선, 한밤중에 다카사키성을 기습해 점령해서 무기를 탈취한다. 그 후에 요코하마의 외국인 거주지를 습격해 불을 지르고 닥치는 대로 외국인들을 칼로 베어 버린다. 그리고 많은 존왕양이 지사들의 봉기를 재촉해 막부 타도를 시도한다.'

시부사와 일행은 동짓날인 분큐 3년(1863년) 11월 23일을 거사날로 정했습니다. 그리고 뜻을 함께할 동료들을 늘리고 창과 칼을 사들였습니다. 그런데 거사를 앞둔 어느 날, 거사를 중단해야 한다고 주장하는 인물이 나타났습니다. 놀랍게도 급진파로 통하던 오다카 나가시치로였습니다.

오다카 나가시치로는 사카시타 문 밖의 변(1862년)*에 가담했다는 혐의를 받아 교토에 피신해 있었습니다. 당시 교토는 각종 정보가 모여드는 중심지였기에 오다카 나카시치로는 국내 정세가 어떻게 돌아가고 있는지 잘 알고 있었습니다. 시부사와 에이이치는 그런 오다카 나가시치로에게도 편지를 보내 거사 계획에 동참해 달라며 불러들였던 것입니다.

그런데 고향에 돌아온 오다카 나가시치로가 거사 계획에 반대하고 나선 것입니다. 10월 29일에는 시부사와 일행이 모여 거

---

* 에도 성 사카시타 문 밖에서 막부의 로주老中 안도 노부마사가 존왕양이파의 미토번 낭인 6명에게 습격당해 부상을 입은 사건.

사 계획을 확정 짓는 마지막 회의가 열렸습니다. 이때, 오다카 나가시치로가 "이런 일을 일으켜봐야 그저 단순한 폭동으로 보일 거야. 결국 모두 개죽음만 당할걸"이라고 목소리를 높였습니다. 하지만 이미 각오가 되어 있던 시부사와 에이이치는 이제 와서 거사를 멈출 수 없다고 맞섰습니다. 시부사와 에이이치와 오다카 나가시치로는 엄청나게 흥분한 상태로 밤새 설전을 벌였습니다. 오다카 나가시치로는 "널 죽여서라도 거사를 막을 것이다"라고 했고, 이에 질세라 시부사와 에이이치도 "널 찔러 죽여서라도 계획대로 할 것이다"라고 했습니다. 마침내 두 사람은 "죽일 테면 죽여라. 서로 찔러서 죽자"라고 할 정도로 눈에 핏대를 세우며 격론을 벌였습니다. 결국 오다카 나가시치로가 승리했습니다. 시부사와 에이이치는 오다카 나가시치로의 주장이 맞다는 것을 깨닫게 되었고 마침내 거사 중단에 동의했습니다.

앞서 시부사와는 어릴 때 오다카 아쓰타다의 독서 교육법에 따라 마음에 드는 책을 중심으로 광범위한 독서를 했다고 소개했습니다. 제3장에서 자세히 설명하겠지만, 시부사와 사료관의 이노우에 준 井上潤 관장이 말해준 대로 이러한 독서법 덕분에 시부사와는 '반대 의견을 포함해 정보를 폭넓게 모은 후에 상황을 판단해야 한다'는 교훈을 얻었습니다. 인생의 중대한 기로에 선 시부사와는 이 교훈을 다시 떠올렸던 것입니다. 참고로 이에 대한 내용은 시부사와 사료관의 이노우에 준 井上潤 관장이 자세히 들려

준 적이 있습니다.

시부사와 일행은 거사를 중단했지만, 그렇다고 해서 모든 일이 해결된 것은 아닙니다. 현재의 치안 담당 경찰에 해당되는 '관동취체출역関東取締出役'이 시부사와 일행의 움직임을 수상히 여겨 감시하기 시작한 것입니다. 시부사와 에이이치는 가만히 있다가는 체포당할지도 모른다는 불안한 마음에, 일단 피신하기로 결심했습니다. 그렇게 시부사와 에이이치는 사촌형 시부사와 기사쿠渋沢喜作와 함께 이세 신궁 참배를 다녀온다는 명목으로 서쪽으로 갔습니다. 실제로는 서쪽으로 피신하는 것이었습니다. 사정을 눈치 챈 아버지는 아들 시부사와 에이이치에게 100냥이라는 큰 돈을 건네주었습니다. 당시 부유한 농민이 얼마나 돈을 많이 벌었는지 알 수 있는 대목입니다.

히토쓰바시 집안의 가신이 된 시부사와

시부사와 에이이치와 시부사와 기사쿠는 교토로 향했습니다. 교토에는 전부터 알고 지내던 히라오카 엔시로平岡円四郎가 있었습니다. 두 사람은 히토쓰바시 가문의 가신인 히라오카에게 의지했습니다. '조정에 있어야 할 천하의 권력은 막부에 있다. 막부에 있어야 할 권력은 히토쓰바시 집안에 있다. 히토쓰바시 집안에 있어야 할 권력은 히라오카에게 있다'라는 평가가 있을 정도로 히라오카는 실세로 통했습니다. 히라오카는 시부사와 에이이치나 시부사와 기사쿠처럼 장래성이 있어 보이는 존왕양이 지사들과도 오래전부터 교류를 했을 정도로 도량이 넓은 인물이기도 했습니다.

시부사와 에이이치와 시부사와 기사쿠는 교토에서 존왕양이 지사들과의 교류에 힘썼는데, 그중 한 명이 사이고 다카모리였습니다. 사이고는 두 사람에게 이렇게 말했습니다. "너희 둘 말이야, 꽤 재미있는 사내들이군. 먹고 살기 위해 낭인생활을 하는 것이 아니라 먹고사는 데 지장이 없는데도 나름의 뜻이 있어 낭인생활을 하고 있다니 대단해. 앞으로도 가끔 놀러 오라고."*

그 후, 세 사람은 자주 만나서 이런저런 이야기를 나누었습니다. 때때로 사이고는 두 사람에게 "오늘 저녁에 돼지고기를 삶을 건데, 같이 어떤가?"**라고 초대하기도 했습니다. 이렇게 두 사람은 사이고의 초대를 받아 돼지고기 전골을 같이 먹기도 했습니다.

그러나 교류를 활발히 할수록 수중에 있는 돈이 점차 줄어들자 시부사와 에이이치와 시부사와 기사쿠는 마음이 불안했습

---

*/** <청연 회고록青淵回顧錄>, 청연 회고록 간행회

니다.

그런 두 사람에게 고향에서 뜻밖의 소식이 날아들었습니다. 동지였던 오다카 나가시치로가 일시적으로 정신착란을 일으켜 파발꾼을 칼로 베어 죽인 죄로 체포되었다는 것입니다.

오다카 나가시치로가 막부에서 조사를 받는 과정에서 자칫 다카사키성 습격 계획을 불어버릴 수도 있는 위험한 상황이었습니다. 시부사와 에이이치와 시부사와 기사쿠는 섣불리 고향으로 돌아갈 수도 없게 되었습니다. 이런 두 사람에게 히라오카가 히토쓰바시 집안의 가신이 되어보지 않겠냐고 제안해 왔습니다. 히라오카는 두 사람의 능력을 높이 평가하고 있었습니다.

"이 기회에 마음을 바꿔 히토쓰바시 집안의 가신이 되어보는 것은 어떤가? 이미 들어서 알고 있겠지만 히토쓰바시 가문의 요시노부慶喜공은 걸출한 군주시다. 비록 막부가 나쁘다고 해도 히토쓰바시 가문은 조금 다르긴 해."

시부사와 에이이치와 시부사와 기사쿠는 가진 돈은 점점 줄어들고 있는 데다가 딱히 의지할 곳도 없는데, 체포 될 위험까지 있었습니다. 상황이 이렇다 보니 두 사람은 히라오카의 제안에 고민하기 시작했습니다.

'존왕양이'의 입장을 강하게 고수하고 있던 시부사와 기사쿠는 막부와 가까운 집안의 가신이 될 수는 없다고 생각했습니다. 반면에 시부사와 에이이치는 곤란한 상황에서 벗어날 수 있는 유일한 길은 히토쓰바시 집안의 가신이 되는 것밖에 없다고 생각했습니다. 시부사와 에이이치는 "살아남지 않으면 세상을 위해서 하고 싶었던 일도 할 수 없어"라며 시부사와 기사쿠를 설득했습니다. 마침내 두 사람은 히토쓰바시 집안의 가신이 되기로 결심하지만, 그 전에 히라오카에게 특이한 조건을 달았습니다.

"군공을 한 번 찾아 뵈도 좋을지 부탁드리고 싶습니다. 푸대접을 받아도 괜찮습니다. 일단 군공께 한 마디만 직접 말씀드리고 난 후에 군공을 모시고 싶습니다."

즉, 주군으로 모실 히토쓰바시 요시노부 앞에서 의견을 전한 후에 가신이 되겠다는 조건을 내건 것입니다. 지금으로 비유하자면 대학을 나와 돈을 벌어야 하는 취업준비생이 입사를 앞두고 대기업 간부에게 이렇게 요구하는 셈입니다. "입사하기에 앞서 사장님께 직접 의견을 말씀드리고 싶습니다." 꽤 뻔뻔한 부탁이었으나 히라오카는 그래도 좋다고 허락했습니다. 시부사와 에이이치와 시부사와 기사쿠가 전한 의견은 이러했습니다.

"히토쓰바시 가문은 미래가 보이지 않는 막부와는 거리를 두는 게 좋습니다. 그리고 도쿠가와 집안을 다시 일으키는데 힘을 모아야 합니다."

이렇게 해서 시부사와 에이이치는 무사의 신분이 되어 '아쓰타유'라는 그럴듯한 이름으로 바꾸었습니다(나중에 '에이이치'라는 이름으로 돌아갑니다). 이후, 히토쓰바시 요시노부와 시부사와는 평생 두터운 신뢰를 바탕으로 군신 관계를 맺습니다.

히토쓰바시 집안의 가신이 된 시부사와는 군비확충과 산업 장려에서 큰 힘을 발휘했습니다.

남다른 제안 능력

시부사와는 히토쓰바시 가문의 신하가 된 이후에 사쓰마번 薩摩藩(현재의 가고시마현)에서 중요한 인물로 통하던 오리타 요조折田要蔵의 제자로 들어갔습니다. 그리고 주변 동향을 살피거나 관동지방의 북쪽을 돌면서 존왕양이 지사들을 히토쓰바시 가문으로 스카우트하는 등 큰 성과를 올렸습니다. 그런데 이런 시부사와의 행적을 눈감아주던 히라오카가 미토번水戸藩(지금의 이바라키현 중북부 일대를 지배했던 번) 소속의 무사에게 암살당하는 비극적인 일이 벌어지고 맙니다. 하지만 시부사와는 히토쓰바시 가문에서 놀라운 속도로 빠르게 출세해 갔습니다.

당시 히토쓰바시 가문의 당주였던 요시노부는 교토 조정의 안전을 책임지는 '긴리고슈에이소토쿠禁裏御守衛総督'라는 직위에 봉해졌습니다. 하지만 히토쓰바시 가문에게는 제대로 된 병력이 없었습니다. 그러자 시부사와는 히라오카의 후임인 구로카와 가헤에黒川嘉兵衛에게 이런 제안을 했습니다.

"군공께서 지위에 걸맞지 않게 군비가 충분하지 않으시다니 문제입니다. 영토 안의 농민들을 모아 보병을 편성하면 2대대의 병사 정도는 금세 만들 수 있습니다."

구로카와와 요시노부도 찬성하며 시부사와의 제안을 받아들였습니다. 보병 모집을 담당하게 된 시부사와는 히토쓰바시 가문의 영지를 열심히 돌아다녔습니다. 당시 히토쓰바시 가문의 영지는 무사시국(현재의 도쿄, 사이타마현의 대부분, 가나가와현의 일부), 시모쓰케국(현재의 도치기현), 가이국(현재의 야마나시현), 이즈미국(현재의 오사카 남부), 하리마국(현재의 효고현 남부), 빗추국(현재의 오카야마현 서부)으로 나누어져 있었습니다. 시부사와의 노력이 결실을 맺어 400~500명의 병력이 모였습니다.

뿐만 아니라 시부사와는 히토쓰바시 가문의 영지를 다니면서 이런 생각도 품었습니다.

'히토쓰바시 가문이 지금처럼 항상 막부로부터 많은 자금을 지원받을 수는 없을 것이다. 영지는 작지만 경제적으로 잘 활용하면 조금이라도 수입을 늘릴 수 있을 것이다. 영지의 사람들도 돈을 많이 벌 수 있게 돕는 방법을 찾아보고 싶다. 장사 경험으로 쌓은 상인의 기질을 발휘해 보자.'

그리고 시부사와가 구로카와에게 제안한 세 가지 경제 정책은 다음과 같습니다.

- 쌀의 판매 방식을 개선해 고급 청주나 일본술을 취급하는 양조업자에게 직접 판매하는 루트를 뚫을 것
- 하리마국(지금의 효고현 남부)의 무명을 명품처럼 대우해 제대로 된 가격에 매입한 후, 오사카나 에도에 합리적인 가격으로 유통시키는 구조를 만들 것
- 빗추국(지금의 오카야마현 서부)에 질산(화약의 원료) 제조장을 열 것

이번에도 시부사와의 제안은 곧바로 채택되었습니다. 시부사와는 새롭게 담당하게 된 재정과 회계 업무도 훌륭하게 해냈습니다.

이처럼 시부사와는 하늘이 내려 준 기회처럼 소중한 경험을 하게 되었습니다. 그전에는 시부사와가 아무리 장사와 회계 실력이 뛰어났다고 해도 어디까지나 가업의 범위를 벗어나지 못했습니다. 그런데 히토쓰바시 가문처럼 정치적으로 막강한 영향력이 있는 가문에서 일을 하면서 재정과 경제를 알 수 있었던 것입니다. 나아가 당시 경제의 중심지였던 관서지방의 금융 시스템을 이해하는 기회도 얻었습니다. 이처럼 시부사와는 히토쓰바시 가문에서 다양한 경험을 쌓으며 '주판' 이론의 기틀을 다져갈 수 있었습니다. 이를 바탕으로 시부사와는 훗날 유럽으로 건너가 유럽의 경제와 금융을 제대로 배울 수 있게 됩니다.

허탈감에 빠진 시부사와

그런데 승승장구하던 시부사와에게 생각지도 못한 일이 벌어졌습니다. 14대 쇼군 도쿠가와 이에모치德川家茂가 불과 스물한 살의 나이에 갑자기 사망하면서 히토쓰바시 요시노부가 후계자로 결정된 것입니다.

원래 시부사와는 요시노부가 쇼군이 되어서는 안 된다고 생각했습니다. 당시 도쿠가와 막부는 민심을 잃고 쇠퇴하는 중이었습니다. 이러한 상황에서 막부는 명목뿐인 존재로 만들고 요시노부가 배후에서 막부를 조종해 새로운 체제를 구축해야 했습니다. 이것이 시부사와가 생각한 해법이었습니다.

그런데 시부사와는 문제점도 알고 있었습니다. 요시노부가 쇼군이 되면 안팎에서 흔들리고 있는 막부를 지키며 개혁을 해야 하는데, 제아무리 요시노부라고 해도 어려운 일이었습니다.

살면서 처음으로 의욕을 잃고 우울해진 시부사와는 일부러 늦게 출근했고 좋아하는 책을 읽으며 어떻게든 마음을 다잡기 위해 애썼습니다. 이런 생활이 계속되었습니다.

시부사와 같은 인물도 허탈함을 느낄 때가 있었다니, 필자 입장에서는 시부사와가 조금 가깝게 느껴졌습니다. 시부사와는 정 안 되면 모든 것을 포기하고 떠나겠다는 결심을 했습니다. 그런데 이렇게 풀이 죽은 시부사와에게 뜻밖의 기회가 찾아왔습니다. 바로 프랑스에 가보지 않겠냐는 제안이 온 것입니다.

게이오 3년(1867년) 프랑스는 국가의 권위를 드높이고자 파리 만국박람회를 준비하고 있었습니다.

프랑스 황제 나폴레옹 3세는 일본의 쇼군을 만국박람회에 초청하고 싶다는 뜻을 밝혔습니다. 그래서 15대 쇼군인 도쿠가와 요시노부를 대신해 파리 만국박람회에 참가한 것이 동생이자 미토번의 번주였던 도쿠가와 아키타케德川昭武였습니다. 도쿠가와 아키타케는 현재 민부성의 차관에 해당되는 '민부노타이후民部大輔'라는 지위에 있었기 때문에《논어와 주판》에서는 '민부공자民部公子'로 불립니다.

도쿠가와 아키타케의 수행원으로는 당연히 미토번 소속의 무사가 선발되었지만 무사 특유의 완고함이 걸림돌이었습니다. 그래서 '생각이 유연했던' 시부사와에게도 수행원 자격으로 파리 만국박람회에 참가해 보지 않겠냐는 제안이 왔던 것입니다. 마침 울적한 상태였던 시부사와는 파리 만국박람회의 수행원이 되는 것을 절호의 기회로 생각했습니다.

이렇게 해서 파리 만국박람회 일본대표단 33명은 1월 11일 프랑스로 향하는 '알페'호를 타고 요코하마를 출발했습니다.

유럽으로 향하는 배 안에서 시부사와는 새로운 것 앞에서 호기심을 감추지 않고 열린 마음으로 받아들였습니다. 지금까지 시부사와는 일식만 먹었으나 배 안에서 양식 코스를 접하며 새로운 맛의 세계를 알게 되었습니다. 커피를 마셔본 시부사와는 입 안이 개운해졌다는 소감까지 남겼습니다. 한때 시부사와는 양이론을 주장하며 '외국은 전부 야만적이고 짐승과 다름없다'라며 경멸했으나 외국에 가기로 결심한 이후로는 마음을 달리 먹기로 했습니다. 이 기회에 빨리 외국어를 익혀 외국도서를 읽고 싶다는 생각으로 바뀐 것입니다. 시부사와는 이런 생각도 했습니다. '교토에서 보병 편성을 기획하고 직접 해보니 군사제도, 의학, 선박, 기계 같은 것은 외국에 비하면 아직 멀었다', '무엇이든 외국의 좋은 점은 받아들이고 싶다.' 시부사와는 이왕 유럽에 가게 되었으니 흡수할 수 있는 것은 최대한 흡수해 보자는 쪽으로 마음이 기울었습니다.

파리에 도착한 시부사와는 상투가 너무 눈에 띈다고 생각했는지 서양식으로 머리를 잘랐습니다. 시부사와는 서양식 머리를 한 자신의 사진을 아내 치요(사촌형 오다카 아쓰타다의 여동생)에게 보냈는데, 치요로부터 '적응이 되지 않는 낯선 모습'이라는 답장이 왔습니다. 그러자 시부사와는 어쩔 수 없이 머리 모양을 바꿨다는 내용으로 아내에게 답장을 보냈습니다.

벨기에 황제의 입에서 나온 뜻밖의 말

시부사와 일행은 파리 만국박람회에 참석한 후, 파리에 머물면서 인근 유럽 국가들을 시찰하고 다녔습니다. 일본 대표단에서 시부사와가 맡은 일은 경리와 일반 사무였습니다. 시부사와는 파리에서 오페라를 관람하거나 병원을 시찰했고, 유럽 각국을 돌면서 철도의 정비 상황을 보고 감탄했습니다. 이렇게 시부사와는 훗날 일본에서 활동할 때 도움이 될 다양한 경험과 공부를 유럽에서 직접 했습니다.

또한 시부사와는 알고 지내던 프랑스인의 권유로 프랑스 정부의 국채와 프랑스 철도의 채권을 구입한 적도 있습니다. 그로부터 반년이 지나고 시부사와는 프랑스 정부와 철도의 채권을 팔았는데, 프랑스 철도의 채권은 시세가 올라서 지금으로 치면 200만 엔 정도 이익이 났습니다. 시부사와는 이때의 경험을 살려 훗날 일본에 증권거래소를 도입하게 됩니다.

시부사와는 일본 대표단의 벨기에 방문을 떠올리며 이렇게 회상했습니다.

"우리 일본 대표단이 벨기에 황제를 알현했을 때의 일이다. 황제께서는 친히 우리를 안내하시며 여러 가지를 질문하셨다. '우리나라에 와서 무엇을 보았는가?'라는 황제의 질문에 '리에주의 제철소를 보았습니다'라고 대답했다. 그러자 황제께서는 '철을 많이 생산하고 사용하는 나라는 부유하고 강한 나라다'라고 하더니 '귀국 일본은 철이 적은 것 같은데, 우리나라 철을 사용해 보라'라고 말씀하셨다. 일본에서는 '무사가 돈 이야기를 하면 천박하다'고 배웠는데, 벨기에서는 황제가 자국의 무역에도 관심을 보이며 직접 영업을 한다. 어떻게 된 일일까? 참으로 신기했다."*

벨기에 황제가 직접 영업에 나선 이유는 탄탄한 국력과 근대화를 뒷받침하는 것이 경제력과 제조업 능력이었기 때문입니다. 군사력도 중요했지만 재정이 뒷받침되지 않으면 전쟁도 할 수 없었습니다. 그렇기 때문에 황제도 자국의 경제를 키우기 위해 적극 힘을 보태고 있었던 것입니다.

'우선은 경제가 있어야 한다.' 지금이야 당연한 이야기지만, 돈이나 장사에 적극 관여할 마음이 없었던 당시의 무사들에게는 크게 와 닿지 않는 이야기였습니다.

시부사와는 파리에서 또 다른 중요한 경험을 했습니다.

파리에서 시부사와와 일본 대표단을 돌봐주던 사람은 은행가였던 폴 플뤼리 에라르Paul Flury-Hérard였습니다. 시부사와가 금융과 비즈니스의 기본을 플뤼리 에라르에게 배웠을지도 모른다는

---

* <용문잡지竜門雜誌> 제497호

설도 있습니다.

어느 날, 시부사와는 플뤼리 에라르가 누군가와 이야기하는 모습을 보았습니다. 상대는 프랑스 정부에서 파견된 육군 대령 모슈 빌레트Moche Villette였습니다. 일본식으로 비유하면 상인과 대관이 대화하는 장면이라고 할 수 있었습니다. 이 장면을 떠올리며 시부사와가 쓴 글이 있습니다.

「빌레트와 플뤼리 에라르. 한 사람은 육군 대령이자 관리이고 또 한 사람은 은행가이자 상인이다. 이런 두 사람이 함께 있다. 일본이라면 상인은 그저 대관에게 받은 명령을 굽신거리며 따를 뿐이다. 그런데 빌레르와 플뤼리 에라르, 이 두 사람이 대화하는 모습을 보면 거의 위아래 구별이 없다. 이제는 나도 어느 정도 프랑스어를 알아들을 수 있어서 두 사람이 어떤 이야기를 하는지 알 수 있었다. 한 사람이 '이 방법이 좋을 것 같습니다'라고 하면, 또 한 사람은 '그래요, 그럼, 그렇게 합시다'라고 나온다. 수직관계가 조금도 느껴지지 않는 두 사람의 모습을 보면서 '정말로 이래야 한다'고 깊이 깨달았다.

국민이 모두 평등해야 하고 대관이라고 으스대서는 안 되는데, 일본은 이와는 정반대다. 일본도 달라져야 한다. 상인과 관리 사이에 위아래 구별이 없는 이 프랑스의 풍습만은 일본으로 꼭 가져가고 싶다.」*

실업을 발전시키고 일본의 근대화를 성공시키려면 '장사는 천하다'는 의식을 없애고 상인들의 지위를 높여야 했습니다. 시부사와가 깨달음을 얻는 순간이었습니다.

이처럼 시부사와는 유럽에 체류하면서 새로운 것을 많이 배웠습니다. 이러한 배움은 메이지 시대의 일본을 위해서도 좋은 일이었습니다. 하지만 나라에 일이 생기는 바람에 시부사와와 일본 대표단은 귀국을 서둘러야 했습니다.

귀국한 시부사와가 세운 일본 최초의 주식회사 '상법회소'

시부사와는 파리에서 경리나 사무 일만 한 것이 아니라 인간관계 문제를 해결하는 일도 했습니다. 이처럼 일본 대표단에게 시부사와는 실질적으로 꼭 필요한 존재였습니다. 그런데 이 와중에 일본에서 큰 사건이 일어났습니다. 게이오 3년(1867년) 10월 쇼군 도쿠가와 요시노부가 천황에게 국가통치권을 돌려주는 '대

---

*   <용문잡지> 제485호

정봉환大政奉還'을 실시했고 이듬해에는 메이지 신정부가 탄생한 것입니다.

시부사와 일행은 도쿠가와 막부의 사절단이었기에 당연히 귀국하라는 명령을 받았습니다. 시부사와는 모처럼 프랑스까지 왔으니 당시 열다섯 살이던 젊은 아키타케에게 새로운 지식이나 기술을 더 많이 익히게 한 후에 귀국하고 싶었습니다. 그래서 시부사와는 어떻게든 귀국 일정을 미루려고 했으나 뜻대로 되지는 않았습니다. 결국 시부사와는 2년도 채 안 되어 귀국할 수밖에 없었습니다.

훗날 시부사와는 청년 시절을 떠올리며 이렇게 말했습니다.

처음에는 존왕토막尊王討幕(천황을 받들어 도쿠가와 막부를 무너뜨리자)과 양이쇄항攘夷鎖港(외국을 물리치고 쇄국하자)을 주장하며 여기저기를 누볐다. 그 후에는 히토쓰바시 가문의 가신이 되었다가 막부의 신하가 되었다. 그리고 민부공자 도쿠가와 아키타케를 수행해 프랑스를 다녀왔는데, 일본에 돌아와 보니 막부는 이미 무너졌고 세상은 천황이 다스리는 왕정 국가로 바뀌어 있었다.

이렇게 많은 변화가 생겼는데, 아직 나의 지혜와 능력은 부족한 것 같다. 하지만 공부라면 최선을 다했기에 부족함은 없었다고 생각한다. 그러나 사회 변화와 정치체제의 변화 앞에서는 나도 어찌

할 도리가 없으니, 그야말로 역경에 빠지고 말았다.

-《논어와 주판》, '처세와 신념'-

《논어와 주판》을 읽은 사람에게서 가끔 이런 감상평을 들을 때가 있습니다. "시부사와 에이이치야 어차피 성공한 사람이니까 그렇게 말할 수 있었겠죠." 물론 결과만 놓고 보면 시부사와는 성공한 사람이었습니다. 그렇다고 시부사와의 인생 자체가 순풍에 돛 단 듯이 술술 풀리기만 한 것은 아니었습니다. 계속해서 역경을 헤쳐 나가야 할 때도 많았습니다. 또한 지금이라면 상상하기 힘들겠지만 시부사와가 살던 시대에는 '장사는 천하다'라는 가치관이 팽배했습니다. 이런 편견 속에서도 실업계에 뛰어들어 실업계의 위상을 높인 것도 시부사와였습니다. 요즘 말로 하면 시부사와는 위험을 감수해 변화에 도전하는 위대한 '리스크 테이커'였던 셈입니다. 시부사와의 어록을 해석할 때 반드시 염두해 두어야 할 점입니다.

일본으로 돌아온 시부사와는 다시 가족과 만났고, 이어서 시즈오카에서 근신하고 있던 주군 요시노부를 찾아갔습니다.

시부사와는 주군을 마주하자 막부가 지금까지 저지른 실책을 언급하며 무심코 푸념을 털어놓았습니다. 그러자 요시노부는 매우 온화한 목소리로 시부사와에게 이렇게 말했습니다. "아쓰타유, 오늘은 민부(아키타케)의 이야기를 들을 생각으로 만나준 것이다. 푸념을 듣기 위해서가 아니다. 그런 이야기는 그만하고 민부의 이야기를 듣고 싶구나."

요시노부의 말에 시부사와는 침착함을 되찾으며 프랑스에서 아키타케가 어떠했는지 자세히 설명했습니다. 시부사와는 존경하고 아끼는 주군이 슬퍼하는 모습을 보고 이렇게 결심했습니다. '다시는 용기를 잃지 않을 것이다.' 시부사와는 용기를 잃느니 차라리 중이 되거나 주군 밑에서 농사를 지으며 살겠다고 생각했습니다.

하지만 이렇게 끝날 시부사와가 아니었습니다.

당시 메이지 정부는 자금부족으로 재정 상태가 많이 어렵자 약 5천만 냥의 지폐(태정관찰太政官札)를 찍어 군사비 등을 충당했습니다. 하지만 메이지 정부는 아직 사람들에게 신용을 얻지 못한 상태였기에 지폐는 민간에서 별로 사용되지 않았습니다.

정부는 억지로라도 전국에 지폐를 유통해야 했습니다. 이 당시 일본에서는 아직 '폐번치현廃藩置県'이 이루어지지 않았습니다. 즉, '번'이 폐지되지 않았기에 아직은 '현'이라는 개념은 없었습니다. 정부는 돈이 필요한 여러 번에게 새 지폐를 빌려주었습니다. 이것을 '석고배차石高拝借'라고 합니다. 참고로 시즈오카번에게 할당된 금액은 53만 냥이었습니다.

말하자면 새 지폐를 유통하기 위해 강제로 빚을 지게 하는 방식이었습니다. 빚은 언젠가 이자를 붙여 갚아야 하는 돈입니다.

그러나 어쩔 수 없었습니다. 번은 재정이 어려웠기에 돈을 빌려 운영에 필요한 것부터 마련해야 하는 상황이었기 때문입니다.

이때, 시부사와는 이 자금을 밑천 삼아 산업을 육성하는 아이디어를 떠올렸습니다. '현지 시즈오카의 상인들에게도 자금을 댄다. 이 자금을 합해 일종의 펀드 같은 것을 만든다. 그리고 시즈오카의 상인들이 은행과 상사의 역할을 하게 하도록 한다.' 이런 아이디어였습니다.

시즈오카번은 시부사와의 제안을 받아들였습니다. 시부사와는 시즈오카의 상인 열두 명과 함께 '상법회소商法会所'라는 조직을 만들었습니다. 상법회소는 훗날 '상평창常平倉'이라는 이름으로 바뀝니다. 시부사와가 운영을 맡은 상법회소는 일본 최초의 주식회사가 됩니다.

시부사와는 상법회소의 기반을 차근차근 다진 후에 전국으로 상법회소를 확대하고 싶다는 목표를 세웠습니다. 그런데 시부사와는 뜻하지 않게 또다시 운명의 변화와 마주하게 됩니다.

팔백만 신들 중 한 명

시부사와가 상법회소를 만든 지 1년도 안 된 메이지 2년(1869년). 그해 10월 시부사와는 메이지 정부로부터 도쿄로 오라는 통지를 받았습니다.

시부사와는 내키지 않았으나 도쿄의 태정관太政官(당시 일본의 최고 국가기관)으로 갔는데, 그곳에서 갑자기 '민부성조세정民部省租稅正'이라는 자리에 오르라는 명령을 받았습니다. 지금으로 치면 재무성 주세국장財務省主稅局長입니다. 참고로 민부성은 대장성과 분리와 합병을 반복하다가 결국에는 폐지되기에 이후에는 편의상 '대장성'이라는 이름으로 불립니다.

시부사와는 대장성에 아는 사람도 없었고 대장성이 어떻게 돌아가고 있는지도 몰랐습니다. 이런 상태에서 대장성의 관료가 된 시부사와는 대장성의 실권자는 누구인지부터 알아봤습니다.

시부사와를 대장성에 추천한 것은 지금의 재무대신에 해당되는 '대장경大藏卿'이던 다테 무네나리伊達宗城와 대장성 관료인 고준조郷純造였습니다. 시부사와가 한 번도 만나 본 적이 없는 사람들이었습니다. 시부사와는 프랑스에서 귀국한 후에 유럽에서 사용한 비용을 상세히 정리한 후 남은 돈을 전부 반환한 적이 있습니다. 이 정도로 시부사와는 회계와 실무 능력이 뛰어날 뿐만 아니라 돈 한 푼도 함부로 욕심내지 않는 정직한 사람이었습니다. 이러한 시부사와의 평판을 간접적으로 들은 다테 무네나리와 고준조가 시부사와를 대장성에 추천했던 것 같습니다.

주변 인맥의 도움으로 시부사와는 대장성의 고관이었던 오쿠마 시게노부大隈重信를 찾아갑니다.

오쿠마의 저택에서 시부사와는 "시즈오카에 하던 사업이 있기 때문에 대장성에는 근무할 수 없습니다"라고 말했습니다. 잠자코 듣고 있던 오쿠마는 시부사와의 말이 끝나기가 무섭게 질문을 던졌습니다. "팔백만의 신들이시여, 열심히 한 만큼 베풀어 주시옵소서(신도의 의식 때 사용되는 문장의 한 구절)'라는 문구를 알고 있는가?" 시부사와가 알고 있다고 대답하자 오쿠마가 설득 작업에 나섰습니다.

"우리가 앞으로 하려는 일은 일본이라는 한 나라를 요리하는 것으로 매우 큰 일이지. 자네도 팔백만 신들 중 하나로 맞이한 것이니 큰 일을 위해 힘써 주게."*

오쿠마는 설득의 달인으로 유명했습니다. 시부사와도 오쿠마의 설득에 마음이 움직였습니다. 이제 와서 사퇴하기도 힘들다고 느낀 시부사와는 대장성에 들어가기로 했습니다.

이후에 시부사와는 다시 한번 오쿠마를 찾아갔습니다. "새 정부가 들어섰으나 모두 주어진 업무를 처리하느라 정신이 없습니다. 그러다 보니 다들 근대국가를 건설하려면 무엇이 필요하고 무엇을 해야 하는지 생각할 여유가 없습니다. 근대국가 건설에 필요한 일을 하는 부서를 새로 만들면 어떨까요?" 시부사와의 제

---

* <실업의 세계> 제7권·제5호, '남은 70년의 생애를 통틀어 잊기 어려운 선배의 한마디'

안이었습니다. 시부사와의 제안이 채택되면서 대장성에는 개정국이 설치되었습니다. 기존의 부서들과 손을 잡고 새로운 나라를 만들기 위해 필요한 정책을 조사하고 제안하는 특별 개혁 팀이었습니다.

시부사와는 개정국을 실질적으로 이끄는 책임자가 되었습니다. 기존의 부서에서 일하고 있던 인물들 외에도 시즈오카번 등에서 스카웃이 된 새로운 인재들이 개정국의 멤버가 되었습니다.

하지만 개정국은 설치된 지 2년도 안 되어 폐지되었습니다. 대장성의 권한이 강해지는 것을 우려한 각 성의 심한 견제도 하나의 이유가 되었습니다. 하지만 개정국에서 나온 정책들은 근대 일본을 만들어가는 기반이 되었습니다.

- 도량형 통일(전국 각지에서 난립하던 도량형을 통일된 기준으로 표준화)
- 화폐제도 통일(금, 은, 동, 각 번에서 사용되던 지폐 등이 섞여 있던 제도를 정리해 엔화 화폐로 통일)
- 근대식 우편제도 도입
- 조세 제도 개정
- 폐번치현에 맞게 여러 제도 개정
- 철도 부설

- 근대식 은행제도 도입
- 음력에서 양력으로 변경
- 주식회사 보급을 위한 매뉴얼 ('입회약칙立会略則', '회사변会社弁')
  간행

이 모든 것이 시부사와의 업적입니다. 대장성 현장에서 근대 국가 일본에게 필요한 인프라를 만드는 일에 주도적으로 나선 것도 시부사와였습니다.

2년도 안 되는 짧은 시간 동안에 시부사와는 정책 제안에서부터 실무까지 이 모든 일을 해나갔습니다. 당연히 시부사와는 정신없이 바쁜 일상을 보냈습니다. 심지어 시부사와는 시간을 허투루 쓰지 않기 위해 다른 사람의 이야기를 들으면서 동시에 눈으로는 다른 글을 읽고 이해하는 훈련도 했다고 합니다. 하지만 이야기를 하는 사람 앞에서 글을 읽는 것은 실례라는 지적을 들은 후, 시부사와는 더 이상 이 방법은 사용하지 않았습니다.

시부사와는 실적을 인정받아 빠르게 승진했습니다. 하지만 당시 메이지 정부는 유신을 추진한 네 곳의 번 출신들이 주요 관직을 차지하고 있었습니다. 일명, 삿초도이薩長土肥였습니다. 막부의 신하를 지냈던 시부사와 같은 사람에게는 불편한 상황이었습니다. 시부사와는 어떻게든 실업계로 진출하고 싶다는 마음이 강해졌습니다.

오쿠보 도시미치와의 대립

시부사와가 대장성을 나오고 싶다고 생각한 또 다른 이유가 있었습니다. 메이지 4년(1871년)에 새로 부임해 온 대장경이 오쿠보 도시미치大久保利通 때문이었습니다. 마이너스와 플러스라고 비유할 수 있을 정도로 오쿠보와 시부사와는 서로 상극이었습니다. 뿐만 아니라 두 사람은 추구하는 재정 정책 방향도 정반대라 대립했습니다.

부국강병 노선을 주장한 오쿠보는 필요한 돈은 적극 지출해야 한다는 입장이었습니다. 반대로 시부사와와 상사였던 이노우에 카오루井上馨는 들어오는 세금과 나가는 지출이 균형을 잃으면 재정이 파탄난다고 생각했습니다. 완전히 방향성이 정반대였습니다.

오쿠보 도시미치는 사이고 다카모리, 기도 다카요시木戶孝允와 함께 메이지 유신을 이끌어낸 세 명의 인물(유신 삼걸) 중 한 명이었습니다. 막강한 힘을 갖고 있던 오쿠보에 맞서 계속 일을 하면서 시부사와는 정신적으로 힘들었던 것 같습니다.

오쿠보 이외에도 사법경이던 에토 신페이江藤新平 등 대장성에 반발하는 실권자들이 적지 않았습니다. 아무래도 대장성은 재정 관리라는 큰 권한을 가지고 있었기에 그만큼 견제도 많이 받았습니다. 욱하는 성격이던 이노우에도 대장성을 걸고넘어지는 다른

'성'들과 끊임없이 충돌했습니다.

이 문제를 근본적으로 해결하는 방법은 하나였습니다. 실업계를 발전시키고 사람들의 생활을 풍요롭게 해 세수를 늘리고 전체 파이를 키워가는 것이었습니다. 오쿠보가 지휘하던 정부의 '식산흥업殖産興業'은 생산을 늘려 산업을 일으키겠다는 목표를 세웠으나 이러한 취지와 달리 돈만 먹는 벌레 같은 존재가 되고 말았습니다. 한 마디로 거의 실패한 정책이었습니다.

정치라는 좁은 세계에 갇힌 무사 출신들이 시야를 넓혀 문제를 해결하기는 힘들었던 것 같습니다.

이렇게 여러 가지 이유가 겹치면서 마침내 시부사와는 메이지 6년(1873년)에 상사 이노우에와 함께 대장성을 나왔고 민간 분야에 발을 들였습니다.

평생 《논어》와 함께 살아가겠다는 결심

대장성 사직을 앞둔 시부사와는 동료 다마노 세이리玉乃世履('요후미'라는 이름으로도 불렸다. 훗날 초대 대심원장이 되는 인물)로부터 충고를 들었습니다.

"자네도 머지않아 장관도 되고 대신도 되어 함께 관직에서 국가를 위해 힘써야 하는 몸이 아닌가? 그런데도 천박한 금전에 눈이 멀어 관직을 버리고 상인이 되겠다니 정말로 어이가 없네. 지금까지 자네를 그런 사람으로 생각하지 않았는데 말이야."

앞서 소개했지만, 에도 시대부터 존재하던 '장사꾼은 천하다'라는 생각이 여전히 사회에 남아 있었습니다. 시부사와는 다마노의 말에 반박했습니다.

나는 평생 《논어》와 함께 살아갈 거야. 금전을 다루는 것이 왜 천한가? 자네처럼 금전을 천하게 여기면 국가가 제대로 설 수가 없네. 민간보다 관직이 더 귀하다든지, 작위가 더 높다든지 하는 생각은 잘못된 것일세. 관직과 작위는 사실 그렇게 중요한 것이 아니야. 인간이 귀하게 일할 수 있는 곳은 도처에 있어. 관직만이 가치가 있는 것은 아니라고.

－《논어와 주판》, '처세와 신념'－

지금 시대를 살아가는 입장에서는 기업가가 오피니언 리더라는 말이 이상하게 들리지 않습니다. 이것도 실업계에 진출한 시부사와가 노력 끝에 기업가의 지위를 끌어올려 준 덕분입니다.

시부사와가 다마노에게 반박하면서 처음에 한 말이 "나는 평생 《논어》와 함께 살아갈 거야"입니다. 실제로 시부사와는 《논어》에 기록된 도덕을 기준으로 삼아 실업계에 적용했습니다. 그런데 자료를 살펴보니 시부사와는 대장성에서 나온 이후에 약

30년간은 거의 공개적으로 《논어》를 언급한 적이 없었습니다. 그러니까 시부사와는 《논어》와 같은 도덕이 실업계에 필요하다는 주장을 일찍부터 한 것은 아니었습니다.

시부사와가 상업에도 도덕이 필요하다고 일반사람들에게 설명하기 시작한 것은 메이지 35년(1902년)으로 62세 이후부터입니다. 그리고 시부사와가 '논어와 주판'이라는 말을 사용하기 시작한 것은 69세 이후부터입니다. 이에 대해서는 제4장에서 자세히 소개하겠습니다.

제2장

사회와 경제를
함께 키워간 시부사와
에이이치의 생애 ②

종이는 문명의 기초

　제2장에서는 대장성을 사직한 시부사와의 이야기를 해보려고 합니다. 특히 시부사와가 '실업계', '사회사업' 그리고 만년의 '민간 외교' 분야에서 어떻게 활약했는지 집중적으로 소개하려고 합니다.

　일반적으로 시부사와는 '실업가'로 불립니다. 그런데 정작 시부사와가 오랫동안 다양하게 몸담았던 분야는 '사회사업'이었고 노벨 평화상 후보가 된 것은 '민간 외교'에 기울인 노력 덕분입니다. 따라서 시부사와가 추구한 방향이나 《논어와 주판》의 의미를 제대로 이해하려면 실업계를 포함해 다양한 분야에서 시부사와가 했던 활동을 폭넓게 살펴봐야 합니다.

우선 실업계부터 살펴봅니다.

시부사와가 대장성을 사직하기 얼마 전에 일어난 일입니다. 당시, 일본의 경제를 주무르던 정치 상인 집단인 미쓰이구미三井組와 오노구미小野組가 각각 근대식 은행을 만들겠다고 나섰습니다.

개정국이 제안한 '근대식 은행제도의 출범'이 〈국립 은행 조례〉의 제정으로 이어졌습니다. 메이지 정부는 국립 은행 조례에 따라 미쓰이구미와 오노구미의 합작을 통해 일본 최초의 근대식 은행을 만들려고 했습니다.

그런데 정부를 대표해 이 일을 주도하던 시부사와가 갑자기 대장성을 사임하게 된 것입니다. 마침 미쓰이구미와 오노구미 사이에서도 주도권 경쟁이 치열하게 벌어지고 있어서 은행 설립이 늦어지고 있었습니다. 미쓰이구미와 오노구미가 은행 최고의 지위를 놓고 벌이는 경쟁은 쉽게 가라앉을 것 같지 않았습니다. 그러자 어부지리로 기회를 차지한 것이 시부사와였습니다.

이렇게 해서 탄생한 것이 제일국립은행第一国立銀行이었습니다. 원래 '국립'은 국가가 정한 법률에 따라 설립되었다는 뜻입니다. 하지만 제일국립은행은 사실, 민간은행이었습니다. 제일은행의 초대총재가 된 시부사와는 일본의 근대화에 필요한 기업들을 만들어 계속 키워나갔습니다.

구체적인 예를 몇 가지 살펴보겠습니다.

우선, 현재 '오지제지 王子製紙'의 전신인 '초지회사抄紙会社'가 있습니다. 종이를 만드는 회사입니다. 시부사와는 이 회사를 매우 좋아했던 것 같습니다. 시부사와의 집은 도쿄 북부의 아스카산에 있었습니다. 화장실 창문으로 초지회사의 공장이 보였습니다. 시부사와는 화장실에 갈 때마다 '오늘도 공장 굴뚝에서는 연기가 나고 있군. 좋아'라고 하며 흡족해 했다는 설이 있습니다. 시부사와는 '종이야말로 문명의 기본'이라고 보았고 초지회사를 근대식 주식회사의 모범으로 생각했기 때문입니다.

메이지 6년(1873년) 초지회사를 만든 시부사와는 공장 건설을 담당할 영국인 기술자와 종이 제작을 맡을 미국인 기술자를 각각 고용했습니다.

영국인 기사에게 사정이 있었는지 공장 건설은 예정보다 조금 늦어졌습니다. 그러나 정작 문제는 미국인 기술자였습니다. 미국인 기술자가 아무리 기계를 움직여도 종이가 나오지 않았습니다. 시부사와가 이런 미국인 기술자를 질책한 후에야 기계에서 종이가 제대로 나왔습니다.

하지만 기계에서 나온 종이는 두꺼운 갈색 종이로 품질이 조악했습니다. 3년이나 시간을 들여 만들어낸 종이가 겨우 이것이었습니다.

그로부터 몇 달이 지나 마침내 흰색 종이가 만들어져 대장성 지폐료大蔵省紙幣寮 등에서 주문이 들어오기 시작했습니다. 그래도 적자는 계속 되었습니다. 그동안 시부사와는 '이익은 아직 안 나왔는가?', '배당은 어떻게 되었는가?'라며 따지는 투자자들을 달래며 아슬아슬하게 경영을 해나갔습니다.

이후에 시부사와는 사태를 개선하고자 열아홉 살밖에 안 된 사원 오카와 헤이자부로大川平三郎를 미국에 파견해 기술을 배워오게 했습니다. 오카와는 훗날 시부사와의 사위가 되며 '종이왕'으로 불리는 인물이 됩니다. 마침내 오카와가 가져온 밀짚을 사용해 종이를 만드는 등 노력이 결실을 맺었습니다. 회사는 10년 만에 이익을 내기 시작했습니다.

어떤 역경도 극복해 내는 시부사와

초지회사처럼 이익을 내기까지 시간이 걸린 회사가 또 있었습니다. 현재 닛산화학日産化学의 전신인 '도쿄인조비료東京人造肥料'였습니다.

일본 농업의 근대화에는 반드시 인조비료가 필요하다고 해서 만들어진 회사입니다. 처음에 이 회사를 만들자고 열렬하게 권유하던 사람이 다카미네 조키치高峰讓吉였습니다. 다카미네는 소화제 '다카디아스타제'의 개발자이자 산쿄제약三共製薬의 창업주로 유명합니다. 다카미네의 권유로 시부사와를 비롯해 마스다 다카

시益田孝(미쓰이물산三井物産의 창업주), 오쿠라 기하치로大倉喜八郎(상업과 건설업으로 유명한 오쿠라 그룹オークラグループ의 창업주), 아사노 소이치로浅野総一郎(아사노 재벌浅野財閥의 창업주), 야스다 젠지로安田善次郎(야스다 재벌安田財閥의 창업주) 등 쟁쟁한 재계인들이 모여 '도쿄 인조비료'를 만들었던 것입니다.

하지만 당시 일본에는 값비싼 비료를 살 수 있는 농가가 그리 많지 않았습니다. 여기에 공장에 화재까지 일어났습니다. 이래저래 회사는 이익이 나지 않습니다.

그런데 어느 날 다카미네가 과학 연구를 위해 미국으로 가고 싶다는 뜻을 밝혔습니다. 당연히 처음에 시부사와는 만류했으나 다카미네의 확고한 의지를 꺾을 수는 없었습니다. 위기는 이뿐만이 아니었습니다. 공장에 또 한 번 불이 나면서 완전히 타버린 것입니다.

회사에 이익도 나지 않았는데 불운까지 계속 겹치면서 투자를 보류하는 사람들이 늘어났습니다. 하지만 시부사와만은 이 회사가 일본의 농업에 꼭 필요하다고 주장하면서 메이지 26년(1893년)에 스스로 대표로 취임했습니다. 경영을 맡은 시부사와는 황산을 회사에서 자체적으로 생산하는 방식으로 바꾸어 지나치게 많이 들어가던 비용을 줄였습니다. 시부사와의 적극적인 경영 개선으로 회사는 간신히 흑자로 돌아섰습니다.

원래 이 회사를 처음 만들자고 한 다카미네를 시부사와에게 소개한 인물이 마스다였습니다. 마스다는 과거를 떠올리며 이런 글을 남겼습니다.

「메이지 26년(1893년)에 화재로 공장이 완전히 타 버렸다. 기계는 쇠로 되어 있어서 불길이 닿았다고 해도 잘만 손질 하면 사용할 수 있을 것이라고 생각했는데, 그렇지 않았다. 기계는 완전히 망가져서 전부 다시 구입해야 했다. 주주들끼리도 의견이 분분해 공장을 다시 짓는 일이 좀처럼 쉽지는 않았다. 하지만 이런 상황에서도 탁월한 능력을 발휘한 시부사와 씨에게 실로 감탄했다. 마침내 시부사와 씨는 모든 사람들에게 공장을 다시 지어야 한다고 설득하는데 성공했다. 그 순간, 과연 이것이 시부사와 씨의 진면목이구나라고 생각했다.

시부사와라는 사람은 뭔가 곤란한 일이 일어나면 마치 조슈 출신처럼 될 때까지 끝까지 해본다. 게다가 그동안 좋은 일도 많이 해 주변에 사람들이 모여서 그런지 아무리 어려운 일이라도 결국은 해낸다. 꼭 해내야 한다는 절실함이 엿보였다.」[*]

설명을 덧붙인다면, 시부사와가 태어난 지아라이지마무라는

---

[*]   마스다 다카시, 《자서전 - 노인이 된 마스다 다카시가 들려주는 이야기自叙益田孝翁伝》

정확히 무사시국입니다. 다만 바로 옆의 도네강을 사이에 둔 이웃이 지금의 야마구치현인 '조슈(우에노국)'입니다, 이처럼 무사시국과 조슈는 매우 가깝습니다. 마스다도 이 사실을 알고 있었기에 시부사와에게 조슈 출신 같다고 썼을 것입니다. 무엇보다도 마스다의 글에서 '반드시 해내는 사람'인 시부사와의 진면목을 생생하게 알 수 있습니다.

물론 시부사와도 추진했다가 실패한 사업이 있습니다. 경영학자 시마다 마사카즈島田昌和의 조사에 따르면 시부사와가 설립한 회사들 중에 5년 이내에 문을 닫은 회사는 열두 개였다고 합니다.

이와사키 야타로와 후쿠자와 유키치가 반대한 사업

현재는 일본을 대표하는 대기업이지만 처음에는 주변의 반대를 무릅쓰고 만들어진 경우도 있습니다.

현재 '도쿄 해상일동화재보험東京海上日動火災保険'의 전신인 '도쿄해상보험'이 대표적입니다. 어느 날, 시부사와는 오쿠마 시게노부의 저택에서 이와사키 야타로岩崎弥太郎(미쓰비시의 창업주), 후쿠자와 유키치(게이오대학의 전신과 〈산케이 신문〉의 전신을 창설한 메이지 시대의 계몽사상가)와 자리를 함께했습니다. 기라성 같은 멤버들이 모인 자리에서 시부사와는 해상 수송을 위한 보험회사가 필요하다고 목소리를 높였습니다. 다음은 이때의 일을 묘사한 시부사와의 글입니다.

「나는 해상보험이 필요하다고 주장했지만 당시에는 전반적으로 이를 반기지 않는 분위기였다. 후쿠자와 유키치 씨도 "너무 멀리 나가는 것 같은데"라고 말했고 이와사키 야타로 씨도 비판적인 의견을 내보였다. 예전에 오쿠마 시게노부 후작의 저택이 기지바시雉橋(치요다구 히토쓰바시千代田区一橋)에 있었을 때 무슨 일로 초대를 받은 적이 있다. 어쨌든 후쿠자와 씨와 장기를 두었던 일이 기억난다. 후쿠자와 씨는 직설적으로 말하는 편이었다. 이번에도 후쿠자와 씨가 "장사하는 사람치고는 꽤 강하군"이라고 말했다. 이에 나도 질세라 "풋내기 학자치고는 강하군"이라고 맞받아쳤다. 여담이지만, 이때 내가 해상 보험이 필요하다고 주장하자 후쿠자와 씨로부터 "결국 자기 이익을 위해서 그런 주장을 하는 것이군"이라는 말을 들었다.」

-《우야담회담화필기雨夜譚会談話筆記》-

해상보험이 필요하다고 주장하던 시부사와는 이와사키와 후쿠자와로부터 각각 "시기상조다", "자기 이익을 위해서인가?"라는 말을 들었습니다. 이처럼 주변 사람들의 반응은 냉랭했습니다. 하지만 시부사와는 포기하지 않고 투자자를 찾아다녔습니다. 관심을 보인 것이 당시의 화족(기존의 귀족, 영지를 소유했던 '다이묘')이었습니다. 시부사와는 화족을 설득해 출자를 받았고, 그렇게 해서 메이지 12년(1879년)에 겨우 '도쿄 해상보험'이라는 회사를 설립할 수 있었습니다. 도쿄 해상보험은 계속 순조롭게 실적을 쌓아갔습니다. 도쿄 해상보험을 전신으로 둔 도쿄 해상일동화재보험도 현재 일본을 대표하는 보험 회사가 되었습니다.

증권거래소도 지금이야 당연한 존재처럼 생각하지만, 설립되기 전에는 많은 반대에 부딪쳤습니다.

시부사와는 파리를 방문했을 때 채권이 얼마나 편리한지 경험한 적이 있습니다. 메이지 5년(1872년)~메이지 6년(1873년)부터 "외국의 주식교환소와 같은 것을 일본에도 만들어야 합니다"라고 주장한 이유입니다. 하지만 당시에는 많은 사람들이 도박이나 투기처럼 주식도 사회에 악영향을 미친다고 생각했습니다. 하지만 이번에도 시부사와의 끈질긴 설득이 효과를 발휘해 메이지 11년(1878년)에 도쿄 주식거래소가 설립되었습니다.

사건에 휘말려 재계에서 은퇴한 시부사와

설립한 회사가 계속 적자를 기록하기도 하고 회사 설립을 두고 주변의 반대가 만만치 않기도 하는 등 시부사와는 여러 곤란한 상황을 겪기도 했으나 이를 극복해 일본의 실업계를 발전시켜 갔습니다. 이와 관련해 전체적인 구상이나 구조에 대해서는 제3장에서 자세히 다루려고 합니다. 여기서는 마지막 에피소드로 시부사와가 재계에서 은퇴하는 계기가 된 '일본 제당 독식 사건(일당 사건)'을 소개하려고 합니다.

대일본 메이지제당大日本明治精糖의 전신인 '대일본제당大日本カ精糖'은 당시에도 일본을 대표하는 거대 기업 중 하나였고 현재도 '장미표 설탕'으로 유명한 회사입니다. 그런데 대일본제당의 방만한 경영이 발각된 사건이 있었습니다.

사건의 흐름은 이렇습니다.

우선 메이지 39년(1906년) 오사카의 일본제당日本精糖과 도쿄의 일본정제당日本精製糖이 합병해 대일본제당이 탄생했습니다. 시부사와는 고문이 되어 달라는 부탁을 받아들였습니다. 시부사와는 대일본제당의 사장으로 사코 쓰네아키酒匂常明를 추천했습니다. 사코는 농업과 상업을 담당하는 농상무성의 국장을 지냈던 인물입니다.

그런데 회계에 밝지 않았던 사코 사장은 중역들이 회계장부를 교묘히 조작하는 것을 눈치채지 못했습니다. 더구나 중역들은 국회의원들에게 뇌물까지 바치고 있었습니다.

이러한 대일본제당의 전모가 밝혀지면서 여론이 들끓었습니다. 사코 사장은 사건의 책임을 지고 사임한 후에 자택에서 권총으로 자살을 했습니다. 지금으로 비유하자면 도요타나 히타치 같은 회사에서 분식회계와 뇌물이 발각되어 사장이 권총으로 자살을 해버리는 것과 같습니다.

이 정도로 망가진 회사를 과연 누가 나서서 살릴까요? 이러한 상황에서 시부사와가 방패로 내세운 인물이 후지야마 라이타藤山雷太였습니다.

후지야마는 시부사와와 인연이 꽤 깊은 인물이었습니다.

앞서 소개했듯이 시부사와는 초지회사를 매우 마음에 들어했습니다. 시부사와가 초지회사를 창업했을 때 대주주가 되어준 것이 미쓰이였습니다. 하지만 어느 때부터인가 미쓰이는 초지회사를 빼앗을 궁리를 합니다.

초지회사의 젊은 사원이던 오카와 헤이자부로가 메이지 23년(1890년) 미국에서 새로운 제지법을 배워오자 새로운 공장 건설 계획이 마련되었습니다. 시부사와는 미쓰이에게 증자를 부탁했는데, 이때 이사로 들어온 사람이 후지야마 라이타였습니다.

당시, 미쓰이의 임원이던 나카미가와 히코지로中上川彦次郎는 후지야마에게 "초지회사를 빼앗기 위해 들여보내는 것이다"라고 일러둔 바 있습니다.

후지야마는 새로 채용한 사원을 자신의 편으로 만들어 세력을 키운 후에 시부사와에게 퇴진을 강요했습니다. 시부사와는 퇴진 요구를 받아들여 현장을 관리하던 오카와와 함께 회사를 떠났습니다. 당시는 지금보다 '회사는 주주나 투자가의 것'이라고 생각하는 분위기가 강했습니다. 시부사와가 초지회사의 경영을 탈취하려는 후지야마의 배후에 미쓰이가 있다는 것을 눈치 챘으나 퇴진 요구를 순순히 받아들인 이유이기도 합니다.

시부사와 입장에서는 가장 아끼는 회사를 빼앗아 간 후지야마를 원수처럼 미워해야 하는 것이 맞을 것입니다. 그런데도 시부사와는 대일본제당의 재건 담당으로 오히려 후지야마를 선택했습니다.

사실, 후지야마는 초지회사를 인수한 후에 현장 직원들이 대거 그만두는 바람에 경영에 어려움을 겪다가 4년 후에 사임했습니다. 이후에 후지야마는 도쿄 시가철도東京市街鉄道(일명 '노면 전차')의 전무가 되기도 했으나 사장과 대립하면서 퇴사했습니다. 후지야마는 일이 잘 풀리지 않아 어려운 상황이었습니다. 바로 이 시기에 후지야마가 시부사와로부터 대일본제당의 재건을 맡아보지 않겠냐는 제안을 받은 것입니다.

시부사와에게 제안을 받은 그날 밤, 후지야마는 자고 있던 장남 아이이치로愛一郎를 깨웠습니다. 참고로 후지야마 아이이치로는 훗날 국회의원이 되어 자민당에서 후지야마파를 이끌었으나 정치 활동에 재산을 탕진하게 됩니다. 후지야마는 장남 아이이치로에게 이런 말을 했습니다.

"이번에 시부사와 남작(시부사와 에이이치)의 추천을 받았다. 어떻게 해서든 '대일본제당'이라는 회사를 다시 일으켜 세워야 해. 하지만 과연 잘 해낼 수 있을지, 솔직히 자신이 없다. (중략) 하지만 오랜 세월 신세를 많이 진 시부사와 남작의 추천을 받았으니 어쩔 수 없다. 그리고 이번 일이 제대로 되지 않으면 일본의 경제계는 크게 동요할 거야. 이를 생각하니 이것저것 돌아볼 시간이 없다. 그저 맡은 일을 열심히 해내야 할 뿐."*

이후 후지야마는 시부사와의 기대를 저버리지 않고 대일본제당을 성공적으로 재건합니다.

하지만 이번 일당 사건으로 시부사와는 많은 비판에 시달렸습니다. '아무리 세상 사람들에게 신용을 얻고 있어도 정도가 있지, 손대는 기업이 너무 많다', '일당 사건에 책임을 지고 실업계를 은퇴해야 한다' 등의 비판이었습니다.

이러한 비판 앞에서 시부사와는 반론의 글을 공개적으로 발표하기도 했습니다. 하지만 후지야마가 대일본정당의 사장으로 취임했을 때, 시부사와의 나이는 70세였습니다. 칠순을 맞이한 시부사와는 제일은행과 도쿄저축은행을 제외한 모든 기업에서

---

* 후지야마 아이이치로, 《사장 생활 30년社長ぐらし三十年》

물러났습니다. 이 두 은행에서도 각각 77세, 80세 때 물러났습니다. 이렇게 해서 시부사와는 실업계에서 완전히 은퇴했습니다.

평생 사회사업에 힘쓴 시부사와

이제 시부사와가 관여한 사회사업을 알아봅니다.

해외의 연구자들이 시부사와 에이이치 기념재단을 방문하면 깜짝 놀라는 이유가 있습니다. 시부사와가 사회사업에 관여한 방식 때문입니다.

시부사와가 활약했던 시기에 미국에서도 앤드루 카네기와 존 록펠러 등 자선사업에 힘쓴 사업가들이 있었습니다. 카네기와 록펠러는 기본적으로 실업계에서 막대한 부를 쌓고 은퇴한 후에 자선사업을 했습니다. 지금의 빌 게이츠도 마찬가지일 것입니다.

그래서 해외 연구자들은 당연히 시부사와도 카네기, 록펠러 등과 비슷할 것이라고 생각하며 일본을 방문했다가 몰랐던 사실을 알고 크게 놀란다고 합니다.

'실업과 사회사업을 동시에 병행한 시부사와 에이이치.'

특별부록으로 이 책의 뒷부분에 시부사와 사료관의 이노우에 준 관장이 작성한 표를 실었습니다. 표를 보면 알 수 있듯이 시부사와는 실업계에서 활약하고 있을 때 사회사업도 동시에 했고, 실업계에서 은퇴한 이후에도 세상을 떠날 때까지 사회사업에 계속 힘썼습니다. 결국 대장성 관료 직을 사임한 이후에 시부사와의 인생과 늘 함께 했던 것은 실업계가 아니라 사회사업이었습니다.

구체적인 예를 몇 가지 살펴보겠습니다.

사회복지 분야부터 알아봅니다. 양육원 이야기부터 해보려고 합니다.

이야기는 에도 시대의 마을 회비에서 시작됩니다.

간세이 개혁으로 유명한 마쓰다이라 사다노부松平定信는 빈민 구제책과 재해 및 기근 대책을 위해 기금이 필요했습니다. 그래서 촌장 등이 내던 에도 반상회비를 그대로 적립하라고 명령했습니다. 이 적립금을 가리켜 '칠분적금七分積金'이라고 합니다.

시간은 흘러 메이지 시대가 되었습니다. 이 칠분적금을 관리하는 민간단체가 조직되었습니다. '도쿄영선회의소東京営繕会議所'입니다. 메이지 7년(1874년)부터 계속 도쿄영선회의를 책임진 것이 시부사와였습니다.

메이지 유신으로 막부가 무너지자 도쿄는 엄청난 혼란에 휩싸였고 노숙자가 많이 나왔습니다. 많이 남아 있던 칠분적금이 이 문제를 해결하기 위한 대책에 사용되었는데, 이 과정에서 탄생한 것이 도쿄부 양육원東京府養育院이었습니다. 칠분적금은 그 밖에도 긴자의 가스등 설치, 아오야마青山와 야나카谷中등의 공동묘지 조성, 그리고 뒤에서 살펴볼 상법강습소商法講習所(현재 히토쓰바시대학의 전신)의 설립이나 운영에도 사용되었습니다.

시부사와는 대장성을 그만둔 이듬해인 1874년부터 세상을 뜰 때까지 도쿄부 양육원의 원장을 지냈습니다. 시부사와가 도쿄부 양육원과 인연을 맺은 세월이 무려 60년 정도였습니다. 시부사와가 가장 오랫동안 관여한 사업이 도쿄부 양육원이었습니다.

도쿄부 양육원은 친척이 없는 아이나 노인, 병을 얻어 생계가 막막한 사람들을 받아들였습니다. 하지만 수용 인원이 서서히 늘어나면서 비용 부담도 그만큼 커졌습니다.

그러자 도쿄부 의원들 사이에서 양육원 폐지론이 나왔습니다. 시부사와의 글을 통해 당시의 상황을 살펴보겠습니다.

메이지 15년(1882년) 도쿄부의회에서는 '양육원을 폐지해야 한다'는 양육원 폐지론이 급부상했다. 당시의 폐지론자는 부의회 의장 누마 슈이치沼間守一, 의원 마스다 가쓰노리益田克徳등이었다. 양육원 폐지론자들이 내세운 이유는 이렇다. '이런 자선사업은 자연스럽게 게으른 사람들을 낳기 때문에 오히려 해롭고 이익이 되지 않는다. 자선사업에 비용을 많이 투자해 봐야 좋은 것이 없다. 따라서 양육원은 반드시 폐지해 여기에 들어갈 비용을 다른 필요한 곳에 써야 한다.' 의원 수는 30명에 불과하지만 부의회는 양육원 폐지론 쪽으로 기울어 가고 있다. 마침내 부의회가 현장 시찰을 위해 조사위원들을 파견했다.

나는 조사위원들을 한 명씩 찾아가 양육원은 사회복지정책을 위해 꼭 필요하므로 폐지해서는 안 된다고 거듭 설명했다. 이즈미하시泉橋의 양육원을 실제로 시찰한 조사위원들도 어려운 사람들의 처지를 보며 동정하는 것 같았다. 그래서 그런지 그해에는 다행히 양육원은 폐지되지 않고 비용도 지원을 받았다.

그런데 그다음 해인 메이지 16년(1883년)에는 부의회가 조사위원도 두지 않더니 순식간에 양육원를 폐지하기로 결의했다.

-《청연 회고록》, 청연 회고록 간행회-

고아들의 부모가 되기로 한 시부사와

현대에도 생활보호는 게으른 사람들을 낳는다는 비판이 있습니다. 시부사와가 살았던 시대도 비슷했습니다. 하지만 시부사와는 기죽지 않습니다. 시부사와는 당시 도쿄부 지사였던 요시카와 아키마사芳川顯正를 찾아갔습니다. 요시카와는 사법·내무·체신 담당 대신을 역임했고 이토 히로부미에게 영문법을 가르친 인물이기도 합니다. 시부사와는 요시카와에게 이런 말을 꺼냈습니다.

"도쿄부의회는 정말 야박합니다. 얼마 전에는 상법강습소 폐교를 결의했는데, 이제는 양육원 폐지까지 결의하다니, 너무 잔인한 처사 아닙니까? 부의회가 이렇게까지 야박하다면 어쩔 수 없군요. 양육원을 독립시켜 운영할 수밖에요."*

시부사와는 자금 마련을 위해 소토칸다이즈미초外神田和泉町에 있던 양육원 토지를 매각했습니다. 그리고 그렇게 마련한 비용을 기금으로 활용해 혼조나가오카초本所長岡町(지금의 스미다구 이시와라 욘초메墨田区石原四丁目)으로 양육원을 옮겼습니다. 양육원의 규모는 이전보다 작아졌습니다. 시부사와는 이전한 양육원도 계속 원장을 맡아 운영했습니다.

나아가 시부사와는 일반사람들에게도 기부금을 받아 자금을 모았고, 이렇게 생겨난 이자 수입으로 필요한 경비를 마련했습니다. 이같은 시부사와의 노력에 지지를 보내는 마음 따뜻한 사람들도 있었습니다. '양육원 자선회', 귀부인들이 이끌어가는 '양육원 부인 자선회' 등의 지원 단체가 대표적입니다. 예를 들어 양육원 부인 자선회는 매년 로쿠메이칸**, 화족 회관, 가부키좌 같은 곳에서 바자회를 열어 수익금 전액을 양육원에 기부했습니다.

---

*   <청연 회고록>, 청연 회고록 간행회
** 도쿄에 있는 서양식 사교장 건물

그 결과 기금은 20만 엔을 넘었습니다.

이윽고 메이지 22년(1889년)에는 현재의 지방자치단체와 비슷한 '시제·정촌제市制·町村制'가 설치되었습니다. 도쿄시가 생기면 양육원을 인수할 것이라는 이야기가 들렸으나 시부사와는 계속해서 도쿄시 양육원의 원장을 맡았습니다.

시부사와가 89세 때 양육원 직원에게 했던 말을 소개해 봅니다.

"양육원 사업을 오래 해왔습니다. 양육원에 있는 아이들은 하나같이 부모나 친척이 없습니다. 이 아이들을 친자식처럼 생각하고 있습니다. 아이들에게도 '친부모가 없어도 너무 슬퍼하지 마라. 많이 부족해도 이 시부사와가 부모가 되어 줄 테니까'라고 이야기해왔습니다. 모든 것에 애정을 가지려고 하고 있습니다. 어쨌든 사회사업은 애정이 있어야 할 수 있다고 생각합니다. 제가 항상 해 오는 말입니다. 오래된 일이기는 하지만, 메이지 5년(1872년)에 이 양육원이 설립되었고 메이지 7년(1874년)에 당시 도쿄부 지사의 부탁을 받고 이 양육원의 원장을 맡게 되었습니다. 이때가 35살 때였습니다. 이후로 지금까지 56년 동안 한결같이 아이들을 모두 내 자식처럼 아끼고 있습니다."*

시부사와가 이렇게 행동할 수 있었던 것은《논어》에서 배운 '인仁(타인에 대한 사랑을 펼쳐가는 미덕)'과 '충서忠恕(양심과 배려의 미덕)' 덕분입니다. 양심이 있고 타인을 사랑하고 배려하는 사람이라면 약자를 내칠 리가 없다는 것이 시부사와의 생각이었던 것입니다.

참고로 시부사와가 관여한 다른 주요 복지 사업이나 의료 사업으로는 현재의 일본 적십자사, 구세군, 세이로카 국제병원, 도쿄자혜회, 제생회 등이 유명합니다.

눈물로 호소한 연설

이제 시부사와가 관여한 교육 분야를 알아볼 차례입니다. 히토쓰바시대학부터 살펴봅니다.

히토쓰바시대학의 전신은 메이지 8년(1875년) 모리 아리노리森有礼(훗날 문부대신)가 긴자에 사립기숙학원으로 연 상법강습소입니다. 모리는 주미 일본 대사로 있을 때 미국 자본주의의 힘을 경험했고 그 힘을 지탱하는 인재를 키우는 것이 비즈니스 스쿨이라는 것을 알았습니다. 모리는 일본에도 비즈니스 스쿨이 필요하다고 생각했습니다.

이후 모리가 세운 상법강습소가 히토쓰바시대학이 되기까지고난의 연속이었으나 중요한 고비 때마다 시부사와가 손을 내밀어 주었습니다. 확실히 시부사와가 없었다면 지금의 히토쓰바시 대학도 존재하지 않았을 것입니다.

모리가 상법강습소의 설립에 필요한 자금을 상담한 사람도 시부사와였습니다. 도쿄부 양육원과 마찬가지로 상법강습소도 칠분적금이 사용되어 설립될 수 있었습니다.

그런데 상법강습소가 문을 연 지 두 달 밖에 지나지 않은 시점에서 모리가 베이징의 주청국 전권공사로 발령을 받았습니다. 상법강습소가 문을 닫을 위기에 처했으나 시부사와와 미쓰이물산의 마스다 다카시가 나섰습니다. 두 사람의 부탁으로 칠분적금의 관리 단체였던 '도쿄회의소東京会議所(예전 이름은 도쿄영선회의소東京営繕会議所)'가 상법강습소를 인수해 운영을 계속해 나갔습니다.

그런데 도쿄회의소는 도쿄부에 흡수되면서 해산되고 말았습니다. 이후에 상법강습소도 양육원과 마찬가지로 폐지론 위기 앞에 흔들렸습니다. "무역도시도 아닌 도쿄에서 전 과목을 영어로 수업하는 고급 학교는 필요 없다"라고 주장하는 의원들이 있었던 것입니다. 상법강습소 폐지론이 힘을 얻었습니다. 결국 메이지 14년(1881년)에 사법강습소는 폐지한다는 발표가 있었습니다.

다행히 시부사와가 폐지를 막기 위해 부지런히 움직인 덕분에 사법강습소는 농상무성이 관할하는 관립학교가 되어 '도쿄상업학교'라는 새로운 이름으로 불렸습니다.

한숨 돌린 것 같지만 아직 넘어야 할 산은 더 있었습니다.

시대가 변하면서 인식도 달라져 경제나 실업을 담당하는 인재육성이 중요하다는 공감대가 형성되었습니다. 이와 함께 도쿄상업학교의 교수와 학생들이 "이 학교를 대학으로 승격시켜달라"며 점차 목소리를 높였고 시부사와도 이를 지지했습니다.

하지만 일은 생각대로 진행되지 않았습니다.

당시 도쿄제국대학(현재의 도쿄대)에는 경제학과가 없었습니다. 에도 시대부터 내려오던 '장사는 천하다'라는 생각도 여전히 남아 있었습니다. 그렇기 때문에 도쿄상업학교와 같은 비즈니스 스쿨이 따로 만들어졌습니다. 하지만 시대의 변화에 따라 정책도 달라졌습니다. 메이지 41년(1908년) 정부와 문부성은 도쿄고등상업학교(도쿄상업학교의 새로운 이름)를 도쿄제국대학에 흡수해 경제학과를 만든다는 방침을 내놨습니다.

그러자 도쿄고등상업학교의 교수와 학생들은 반발했습니다. 학교를 그대로 놔두고 대학으로 승격시켜달라는 것이 교수와 학생들의 요구였습니다. 정부의 방침에 항의하는 표시로 교수 네 명은 사직서를 제출했고 학생 전원도 자퇴를 결의하고 나섰습니다. 이를 '신유사건申酉事件'이라고 합니다.

경제인과 학교 동문들도 도쿄고등상업학교가 그대로 남기를 바라며 힘을 보탰습니다. 시부사와도 이 중 한 사람이었습니다. 시부사와는 학생대회 단상에 서서 연설을 했고 다음과 같이 마무리했습니다.

"여러분에게 연민을 느낍니다. 고등상업학교를 대학으로 만들고 싶다는 것은 10년 전에 이미 마음에 품은 희망이었습니다. 그래서 현재의 사태를 걱정하고 슬퍼하면서 흘린 눈물의 양은 여러분보다는 내가 더 많을지도 모르겠습니다. 그래도 지나치게 극단적인 행동은 여러분뿐만 아니라 세상을 위해서도 전혀 도움이 되지 않습니다. 다시 한번 말하지만 이 점을 꼭 유념했으면 합니다."*

학교의 구세주이던 시부사와가 눈물로 호소한 연설이 학생들의 마음을 사로잡으면서 학생들의 과격한 행동은 진정되었습니다. 학생들은 전원 자퇴 결의도 철회했습니다. 이후에 시부사와 측은 사건 해결을 학생들에게 맡겼습니다. 학생들은 문부성과 정부를 상대로 끈질긴 교섭을 벌였습니다. 그로부터 한 달 후에 '학교는 향후 4년간 존속한다'는 결정이 내려졌고, 3년 후에는 '학교는 영구 존속한다'는 결정이 내려졌습니다.

---

*   <시부사와 에이이치 전기자료 44권渋沢栄一伝記資料 四四巻>, '도쿄고등상업학교 부사단법인 여수회'

다이쇼 9년(1920년). 마침내 학교는 대학으로 승격되었습니다. 이렇게 해서 탄생한 것이 도쿄상과대학(지금의 히토쓰바시대학)입니다.

우리들의 자상한 할아버지

교육 분야와 관련해 또 다른 에피소드가 있습니다. 시부사와가 원래 갖고 있던 생각을 완전히 바꾸어 아낌없이 원조한 것이 일본여자대학이었습니다. '시부사와가 일생동안 기부한 총액 중 12%가 일본여자대학에 기부*되었습니다. 또한 시부사와는 사망할 때까지 이 학교의 교장을 맡았습니다.

시부사와가 일본여자대학에 각별한 애정을 보인 이유는 나루세 진조成瀬仁蔵로부터 받은 영향 때문이었습니다.

원래 시부사와는 유교식 교육을 받았기에 여성은 집에서 남성을 내조해야 한다는 보수적인 여성관에 갇혀 있었습니다. 이런 시부사와의 생각을 바꾼 것이 일본여자대학의 창시자 나루세였습니다.

---

* 　기무라 마사토, 《시부사와 에이이치, 일본의 인프라를 만든 민간경제의 거인渋沢栄一日本のインフラを創った民間経済の巨人》

시부사와는 오쿠마에게 나루세를 소개받았습니다. 시부사와는 나루세에 대한 첫 인상을 이렇게 평가했습니다.

「나루세 군을 처음 보고 '힘이 넘치는 사람 같다'고 느꼈습니다. 흔한 인상은 아니었습니다. 하지만 어딘가 모르게 다듬어지지 않은 투박한 부분도 있어서 이대로 사회에 나오면 주변 사람들과 잘 지낼 수 있을지 조금 걱정도 되었습니다.

그래도 나루세 군은 여성 교육관만은 꽤 확고해 보였습니다. 이에 비해 저는 한문 서적을 읽으며 수양해 온 사람이어서 '여자와 소인은 대하기 어렵다'는 생각을 하고 있었습니다. 어느 날 우연히 나루세 군과 서로 의견을 나누게 되었는데, 나루세 군이 "그렇게 말씀하시다니 많이 당황스럽습니다"라고 하면서 울먹이듯 말했습니다.

이미 여러분도 알고 계시겠지만 나루세 군은 '여성을 국민의 한 사람으로, 인간으로 존중해 교육해야 한다'는 주장을 하고 있었습니다. 옛날 사람의 머리에서는 나오기 힘든 생각이었습니다. 그러나 잘 생각해 보니 나루세 군의 주장에 납득이 갔습니다. 혹시 공자도 여기까지는 생각하지 못한 것은 아닐까? 이런 생각을 하면서 나루세 군의 주장에 조금씩 동조하게 되었습니다.」*

---

* <시부사와 에이이치 전기 자료 44권>, '나루세 선생을 추억하며 기록한 글. 일본 여자대학교 제25회생편'

이렇게 해서 시부사와는 기존의 보수적인 여성관에서 벗어나 일본여자대학의 창립 위원이 되었습니다. 여기에 자금 모집과 회계 감사 일도 맡게 되었고 평의원도 역임했습니다. 메이지 40년(1907년)에는 '방코료晩香寮'라는 이름의 기숙사를 학교에 지어주었습니다. 쇼와 6년(1931년) 4월에는 교장에 취임해 세상을 떠난 1931년 11월까지 교장으로 있었습니다. 시부사와는 일본여자대학의 학생들로부터 '우리들의 상냥한 할아버지'로 불리며 존경을 받았다고 합니다.

이외에도 시부사와가 설립에 관여한 주요 교육 기관은 지금의 와세다대학, 니쇼가쿠샤대학, 도쿄여학관, 도쿄경제대학등입니다.

특히 와세다대학의 경우, 다이쇼 6년(1917년)에 '와세다 소동'이라고 불리는 사건이 있었습니다. 학교 내에서 일어난 권력 투쟁이었습니다. 이번에도 오쿠마의 부탁을 받은 시부사와가 주도적으로 나서 사태를 수습했습니다. 시부사와가 없었다면 지금의 와세다대학도 존재하지 않았을 것입니다.

관동대지진과 피해

이처럼 시부사와는 복지시설과 대학 설립에 관여하며 사회사업을 펼쳤습니다. 그런데 시부사와가 펼친 사회사업은 이뿐만이 아니었습니다. 시부사와는 사회에 공헌하고 싶다는 의지가 강했는데, 이것이 잘 드러난 활동이 있었습니다. 바로 관동대지진 때 펼친 지원과 부흥 활동이었습니다.

다이쇼 12년(1923년) 9월 1일 관동대지진이 일어나 10만 명 이상이 사망했고 30만 호 정도의 가옥이 붕괴되거나 불에 탔습니다.

이 당시에 시부사와는 사무실에 있었습니다. 니혼바시 카부토쵸에 있는 시부사와의 사무실은 도쿄역 설계 등으로 유명한 다쓰노 긴고辰野金吾가 지은 것이었습니다. 튼튼하기로 유명한 다쓰노의 건축법으로 지어진 사무실이었으나 역시 대지진 앞에서는 외벽과 내장, 특히 샹들리에와 거울, 비막이 덮개 등이 버티지 못하고 떨어져 나갔습니다. 위험한 순간이었습니다만, 다행히 시부사와는 시중을 들던 사람의 도움을 받을 수 있었습니다. 시부사와는 일단 옆에 있던 제일은행 본점으로 피신한 후, 지금의 진보초에서 혼고, 고마고메로 이어지는 곳을 빠져나와 자택에 도착했습니다.

집안사람들은 시부사와의 나이, 그리고 앞으로 있을 여진과 화재 등을 걱정하며 "고향인 후카야로 피신하셔야 합니다"라고 권했습니다. 그러자 당시 83세의 시부사와는 이렇게 대답했다고 합니다. "이런 때일수록 나 같은 노인은 조금이라도 일을 해야 살아 있어도 체면이 서는 법이야."*

필자도 시부사와처럼 이런 말을 입에 올릴 수 있는 노인이 되고 싶습니다. 그런데 시부사와의 의지와 관계없이 당시의 상황은 그리 좋지 않았습니다. 8월 24일 가토 도모사부로加藤友三郎 총리의 사망으로 정계는 후임 총리의 선택을 놓고 혼란 속에 빠져들었던 것입니다.

9월 2일 야마모토 곤베에山本権兵衛가 후임 총리로 결정되었습니다. 그러자 내무대신이 된 고토 신페이後藤新平가 즉시 시부사와에게 대리인을 보내 협조를 구했습니다.

당시 고토와 시부사와, 두 사람의 생각은 같았습니다. '재해 구제는 속도가 관건이다. 그렇다면 유연한 민간 조직의 힘을 잘 살려 보자. 게다가 협의하고 있으면 시간이 낭비되기 때문에 일단은 한 사람(시부사와가)이 책임을 맡는 형태로 하자.' 그렇게 두 사람이 구제와 부흥 활동을 할 민간 조직으로 결성한 두 개가 '협조회'와 '대지진선후회'였습니다.

우선, 협조회를 통한 구제 사업을 알아봅니다. 협조회는 때마침 심각하게 대립하던 노동자와 자본가의 화합을 위해 다이쇼 8년(1919년)에 설립되었습니다. 조직 운영은 기본적으로 노사합

---

* 시부사와 마사히데, 《태평양에 걸린 다리 - 시부사와 에이이치의 생애太平洋にかける橋 ——渋沢栄一の生涯》

의를 통해 이루어졌으나 실질적인 책임자는 부회장을 맡고 있던 시부사와였습니다. 고토와 시부사와는 이처럼 자본가와 노동자와 모두 소통하는 조직을 활용해 구제 사업을 제대로 펼쳐보려고 했습니다.

시부사와는 협조회를 통해 이재민 수용, 밥짓기, 재해정보판 설치, 게시판, 수용시설, 임시 병원, 이재민 위안회 등 구원 활동을 다방면으로 펼쳐 갔습니다.

이제 대지진선후회를 통한 구제 사업을 살펴보겠습니다. 9월 9일 시부사와는 뜻을 함께하는 민간인들과 함께 대지진선후회를 결성합니다. 앞으로 어디에 돈이 들어갈지 조사한 후에 필요한 비용을 기부금으로 모으자는 취지로 만든 조직이었습니다. 대지진선후회는 고아원이나 탁아소의 건설, 이재민이 된 외국인들을 위한 지원 등의 활동도 했습니다. 시부사와는 대장성 관료직을 사임한 후에는 '정부와 얽히지 않겠다'고 결심한 적이 있습니다. 하지만 관동대지진이라는 위기 상황에서는 잠시 이 결심을 접고 재해부흥을 담당하는 정부 위원직도 맡았습니다.

원리금 상환을 미룬 적이 없는 나라

관동대지지진이 일어나자 시부사와는 재해부흥에 필요한 자금을 모으기 위해 그동안 키워 온 외국내 인맥, 특히 미국내 탄탄한 인맥을 활용했습니다.

시부사와는 미국에 있는 대기업 관계자, 경제인, 상공회의소 관계자, 교회 관계자처럼 중요한 요직에 있는 인물들에게 전보를 쳐서 무사하게 잘 있다고 소식을 알렸고, 동시에 성금을 부탁하기도 했습니다. '철강왕'으로 불리는 저지 개리^{Judge Gary}가 회장을 맡고 있던 뉴욕일본협회가 전달한 성금은 10만 달러로 최고액이었습니다. 이를 포함해 미국에서 보낸 성금은 모두 합해 13만 달러가 넘었습니다. 이렇게 미국에서 모인 성금이 대지진선후회로 들어갔습니다.

뿐만 아니라 미국 전역도 일본의 지진 피해 소식을 듣자 '일본을 돕자'는 분위기에 휩싸였습니다.

캘빈 쿨리지 대통령은 즉각 일본에 대한 구호 지원 지시를 내렸습니다. 구체적인 지시는 이러했습니다. 아시아 함대나 필리핀 주둔군을 일본으로 급히 파견할 것. 태평양 항로를 지나는 선박회사들에게는 한 달 후의 출항 예정은 모두 취소하고 일본으로 구호물자를 실어 보낼 것. 그리고 미국 적십자에게 구호를 요청할 것.

대통령이 직접 나서 구호성금을 호소한 결과, 무려 1,060만 달러의 성금이 모였습니다.

한편, JP모건 코퍼레이션은 일본의 요청을 받아들여 일본 정부의 채권 3억 엔을 구입했습니다. 일본이 지진 재해 부흥에 필요한 자금을 마련하는데 도움을 주고자 한 것입니다. 이때 JP모건 코퍼레이션의 대표 토머스 러몬트Thomas Lamont는 일본인들에게 감동을 주는 발언을 했습니다.

"일본은 신용할 수 있는 나라입니다. 이를 증명할 수 있는 사실이 있습니다. 일본은 진무천황 이래 2,584년간 외채의 원리금 지급을 미룬 적이 없는 나라입니다."*

그러자 미국의 다른 은행들도 일본의 채권을 구입했습니다.

그런데 미국이 이처럼 일본에게 막대한 지원을 한 데에는 나름의 배경이 있었습니다.

관동대지진이 일어나기에 앞서 17년 전인 메이지 39년(1906년). 대지진이 샌프란시스코를 강타했습니다. 이어서 발생한 화재로 시내는 괴멸 상태에 빠졌습니다.

미국의 지진 소식을 들은 일본 측은 즉각 움직였습니다. 메이지 천황이 몸소 20만 엔을 성금으로 하사했고 시부사와를 포함해 일본인 기업인들도 외상관저에 모여 긴급 대책 회의를 열었습니다.

---

* 기무라 마사토, 《시부사와 에이이치, 민간 경제외교의 창시자》

처음에 일본의 재계인들은 성금 내는 것을 주저했습니다.

"샌프란시스코는 일본인 배척운동의 중심지 아닌가?"

"회계처리 문제도 있고 해서 성금을 내기가 어려운데."

"은행에서 출금을 하기 곤란한 상황이어서. 영리를 목적으로 하는 기업이 사회사업에 돈을 내다니 정말 이상하긴 하군."

그런데 시부사와의 한 마디가 재계인들의 생각을 바꾸었습니다.

"공공사업처럼 의미 있는 일이라면 사업가가 충분히 돈을 내야 하는 것 아닌가?"*

그리고 시부사와는 제일은행에서 1만 엔의 기부를 신청했습니다. 일본에서 기업의 사회적 책임을 최초로 주장한 인물이 시부사와였습니다. 이것이 시부사와의 진면목이라고 할 수 있습니다. 이렇게 일본에서 모인 성금은 전부 24만 6,000달러에 달했습니다. 미국에 성금을 보낸 여러 나라 중에서 일본이 보낸 성금이 가장 많았습니다.

그래서 일본에서 관동대지진이 일어났을 때 미국 서부 연안

---

*   하타노 마사루波多野勝, 이이모리 아키코飯森明子, 《관동대지진과 미일외교関東大震災と日米外交》

은 물론 미국 전역에서 가장 많은 성금을 보낸 것입니다. 미국인들은 17년 선의 일을 잊지 않고 있었던 것입니다.

시부사와는 국내에서 재해가 일어나도 계속 앞장서서 지원에 나섰고 해외에서 재해나 기근이 발생하거나 난민을 구제해야 할 일이 생기면 적극적인 지원 활동을 펼쳤습니다.

시부사와가 중심이 되어 성금을 모은 해외의 재난재해 사건은 앞서 설명한 샌프란시스코 대지진(1906년), 그리고 청나라 기근(1878년), 이탈리아 지진(1909년), 광둥성 수해(1915년), 톈진 수해(1917년), 아르메니아 난민 구제(1922년), 독일 난민 구제(1922년), 플로리다 태풍(1926년), 프랑스 서남부 수해 (1930년) 등입니다.

일본인 이민 배척 문제

끝으로 소개할 내용은 시부사와가 국제무대에서 펼친 활약으로 결말은 다소 씁쓸했습니다. 시부사와는 다이쇼 15년(1926년)과 쇼와 2년(1927년)에 연속으로 노벨 평화상 후보에 올랐습니다. 시부사와가 노벨 평화상의 후보에 오른 이유는 실업계나 사회사업에 기여했기 때문이 아니었습니다. 당시 악화되던 미일 관계를 개선하기 위해 민간 외교 노력을 기울였기 때문입니다.

메이지 35년(1902년) 시부사와는 아내와 처음으로 미국을 방문했습니다. 시부사와는 처음으로 가본 미국의 스케일과 활력에 압도되었습니다. 유럽은 이미 발전할 대로 발전한 상황이었기에 이제는 미국의 시대였습니다. 시부사와는 그렇게 느꼈습니다.

뿐만 아니라 해마다 일본과 미국의 경제 교류는 활발해지고 있었습니다. 뉴욕 맨해튼에 있는 일본 기업의 지점 수는 당시 이미 100개를 넘었습니다.

그런데 미국은 서부 연안을 중심으로 일본인 이민을 배척하는 움직임이 점점 강해지고 있었습니다. 메이지 39년(1906년)에는 샌프란시스코시에서 일본인 학생 격리 조치가 통과되었습니다(하지만 그다음 해에 시어도어 루스벨트 대통령이 나서면서 해당 조치는 철회).

사실, 미국은 1890년대 이후 극심한 불경기에 시달리고 있었습니다. 서부 개척을 통한 투자가 지금까지 미국 경제를 지탱하는 동력이 되었으나 국내의 파이가 점점 줄어드는 있는 것이 문제였습니다. 메이지 26년(1893년)부터 계속된 불황으로 약 5,000개의 은행, 1만 5,000개의 기업이 파산했습니다.

동시에 경제적으로 양극화가 진행되면서 소수의 부유층과 다수의 가난한 사람들이라는 구도가 고착화되기 시작했습니다. 더 이상 파이가 확대되지 않는 미국에서 새로운 기회는 찾기 힘들었고 부익부 빈익빈은 더욱 심해졌습니다.

그런데 이런 상황을 아는지 모르는지 미국으로 이민을 비약적으로 늘린 나라가 일본이었습니다. 1881년부터 1890년까지는 2천 명 정도였던 일본인 이민자가 1901년부터 1910년까지는 10만 명을 넘었습니다. 특히 일본인 이민자들은 미국의 서부 연안으로 몰려들었습니다. 가난한 백인 노동자들은 가뜩이나 상황이 어려운데 일본인 이민자들이 대거 몰려와 저렴한 임금을 무기로 자신들의 일자리를 빼앗으려 한다고 생각했습니다. 그렇게 생각할 만도 했습니다. 가난한 백인 노동자들은 더 이상 위로 올라갈 수 있는 꿈도 꾸기 힘들어졌는데 그나마 현재 간신히 유지하고 있는 자리마저도 빼앗길 수 있었으니까요.

반면에 일본은 이를 엄연한 인종 차별 문제로 받아들였습니다.

미국에는 원주민인 인디언이 있었으나 미합중국 건국 이후로 국민 대다수는 유럽인 이민자와 그 후손들로 이루어졌습니다. 그렇다면 '왜 유럽 사람들의 이민은 괜찮고, 일본 사람들의 이민은 안 되는가?' 이러한 이중 잣대가 인종차별이라는 것이 일본의 입장이었습니다. 아시아인 이민이라면 일본인 이민이 증가하기 이전에 이미 많은 중국인 이민자들이 미국으로 건너와 철도 건설 일을 했습니다. 그러나 중국인 이민자들에 대한 불만이 높아지면서 메이지 15년(1882년)에 중국인 배척법이 만들어지고 말았습니다. 따라서 미국 내 아시아인 이민자에 대한 불만은 일본인 이민자들만 겨냥한 것은 아니었습니다.

이 문제의 뿌리 깊은 원인은 자국중심주의에 있었습니다. 미국과 일본 모두 자국의 입장만이 옳다고 주장하고 있었습니다. 하지만 자국 입장에서만 말하면 상대방과는 계속 어긋날 수밖에 없어서 감정의 골은 더욱 깊어집니다. 이는 현재의 국제 관계에도 적용되는 문제일 것입니다.

한편, 일본은 러일전쟁 때 미국을 자기편으로 만들고자 귀족원(상원) 의원 가네코 겐타로金子堅太郎를 미국에 파견한바 있습니다. 가네코는 하버드대 동문이자 당시 미국 대통령이던 시어도어 루스벨트를 이렇게 설득했습니다. "만약 러시아가 승리하면 만주는 러시아의 차지가 되고 말아. 하지만 일본이 승리하면 만주는 문호 개방을 하게 되고 만주에 진출할 기회가 동등하게 생기지. 그러면 미국도 만주에 진출할 수 있게 되는 거야." 마침 루스벨트는 국내 시장은 점점 파이가 없는 상황에서 미국은 더 넓은 해외로 눈을 돌려 진출해야 한다는 생각을 하고 있었습니다. 이런 루스벨트였기에 러일전쟁에서 일본을 지지했습니다. 시부사와가 강화를 중개한 덕분에 일본은 유리한 입장에서 포츠머스 조약을 체결했습니다.

그런데 러일전쟁이 끝나자 일본의 군부는 만주를 독점하려는 모습을 보이기 시작했습니다. 여기에는 일본도 나름의 사정이 있었습니다. 러일전쟁에서 승리를 했지만 배상금도 받지 못했고 러일조약에 불만을 품고 히비야 공원에서 방화사건을 일으킨 일본인들을 더 이상 자극할 수 없었던 것입니다. 하지만 미국 입장에서 보면 일본의 움직임은 신의를 저버린 행위였습니다.

시부사와는 일본이 미국과 함께 만주를 개척해야 한다고 주장했다가 군부에 의해 남만주철도주식회사 설립위원에서 파면되었습니다.

미국에서 환대받은 시부사와 일본 기업가들

이러한 배경 속에서 미일관계는 나날이 악화되었습니다. 시부사와는 미일 관계 개선, 특히 미국의 일본인 이민 배척 운동을 해결하기 위해 노력을 거듭했습니다.

메이지 42년(1909년) 민간 차원에서 미일 우호를 다져나가기 위해 계획된 것이 일본 기업가들의 대규모 미국 방문이었습니다. 이렇게 해서 조직된 것이 '도미실업단渡米実業団'이었습니다. 시부사와는 이미 70세의 고령이었으나 일본과 미국 양쪽에서 하도 간곡하게 부탁하는 바람에 도미실업단의 단장직을 받아들였습니다.

미국을 방문할 일본 기업가들은 총 51명이었습니다. 여기에 참가한 실업계 인사들은 시부사와를 비롯해 도쿄상업회의소 회장인 나카노 다케나카中野武営, 시미즈구미 대표인 하라 린노스케原林之助, '다도 비즈니스의 성인茶聖'이나 '다도 비즈니스의 왕茶業王'이라고 불린 오타니 가헤에大谷嘉兵衛, 도부철도東武鉄道 사장인 네즈 가이치로根津嘉一郎 등이었습니다. 만약 미국으로 향하는 배가 가라앉으면 일본의 경제계도 그대로 가라앉을 수 있다고 해도 좋을 정도로 일본을 대표하는 재계인들이 총출동했습니다. 그야말로 화려한 멤버진이었습니다.

미국에 도착한 도미실업단은 전용 특별열차를 타고 낮에는 각지에서 열린 축하 파티에 참가하고 시찰에 나섰으며 밤에는 열차 안에서 잠을 청하며 다음 도시로 이동하는 스케줄을 반복해 소화했습니다. 이렇게 해서 도미실업단은 120여 일 동안에 25개의 주, 60개의 도시와 지역을 도는 강행군을 완수했습니다. 그동안 도미실업단이 미국에서 철도를 타고 이동한 거리는 무려 비행기로 도쿄와 베를린을 왕복한 거리와 같았습니다.

미국과의 친선을 도모한 일본 재계인들의 미국 방문은 대성공이었습니다. 도미실업단은 각지에서 성대한 환영을 받았고 미국의 언론도 이를 크게 다루면서 미일 친선 분위기가 고조되었습니다.

도미실업단은 미네소타주 남동부에 있는 도시 미니애폴리스에서 대통령 윌리엄 태프트William Taft와 만났고 뉴저지주 북동쪽에 있는 도시 뉴어크에서 발명왕 토머스 에디슨Thomas Edison을 만났습니다. 또한 오하이오주 북동부에 있는 도시 클리블랜드에서는 사람을 싫어하기로 유명한 '석유왕' 존 록펠러가 일부러 시부사와를 만나러 왔다는 일화도 있습니다. 각각 미국과 일본을 대표하는 자선가들이 다시 만난 순간이었습니다.

시부사와의 인품은 미국인들까지 매료시켰는지 영어로 '원로'를 의미하는 '그랜드 올드맨Grand old man'이라고 불렸습니다. 잡지 〈더 새터데이 이브닝 포스트The Saturday Evening Post〉의 주필도 시부사와를 이렇게 극찬했습니다.

「일본 국민이 지닐 수 있는 최고로 뛰어난 자질을 그대로 보여주는 인물이다. 친절하고 따뜻한 마음, 세계정세를 파악하는 놀라운 감각을 지닌 인물이다. 애국자이지만 결코 폐쇄적인 애국주의라는 함정에 빠지지 않은 인물이다. 여기에서 보기 드문 위대한 마음을 엿볼 수 있다. 한없이 존경심을 불러일으키는 인물이다.」*

한 가지 덧붙이자면, 시부사와의 미국 방문을 항상 지원하며 미국 대통령과의 회견 등을 마련해 준 것이 앞서 소개한 다카미네 조키치입니다. 다카미네는 일본에 인조비료 회사를 설립하자

---

*   시부사와 마사히데, 《태평양에 걸린 다리 - 시부사와 에이이치의 생애》

고 제안했다가 미국으로 건너갔는데, 미국에서 크게 성공해 부호가 되어 있었습니다. 다카미네는 도중에 미국으로 유학을 떠나기로 한 자신을 인정해 준 시부사와에게 여전히 깊이 감사하는 마음을 간직하고 있었습니다.

실업계에서 미일관계는 친선 무드가 고조되었으나 현안이던 미국 내 일본인 이민 배척 문제는 좀처럼 해결이 될 기미가 보이지 않았습니다.

메이지 40년(1907년)에는 불황을 겪는 미국에서 일자리를 빼앗는 일본인 이민자들을 향한 반발이 높아졌습니다. 이에 미국과 일본은 일본인의 미국 이민을 제한하는 신사협정을 메이지 41년(1908년)에 체결합니다.

이어서 다이쇼 2년(1913년) 캘리포니아주에서 캘리포니아주 외국인 토지법(이른바 배일 토지법排日土地法)이 제정되었습니다. 미국 국적을 취득하지 못한 일본인 이민자들은 토지를 구입할 수도 없고 3년 이상의 토지 임대 계약도 맺을 수 없게 된 것입니다.

아무리 실업계에서 미일 친선 분위기가 일시적으로 높아졌다고 해도 이민과 배척으로 깊어진 미국과 일본 사이의 골은 근본적인 해결 없이는 쉽게 메워질 수 없었습니다.

일본인 이민을 금지한 새로운 미국 이민법

다이쇼 4년(1915년) 시부사와는 파나마 운하 개통 기념 박람회를 둘러보기 위해 세 번째로 미국을 방문했습니다. 시부사와는 루스벨트 전 대통령과 만나 다음과 같은 대화를 나누었다고 기록했습니다.

캘리포니아주의 일본인 이민 문제에 관한 이야기가 나왔다.

현재 미일 양국 정부가 맺은 신사협정(일본인 이민 제한)은 세계인류평등이라는 관점에서 보면 그리 달가운 일이 아니라고 내 생각을 밝혔다. 하지만 루스벨트 씨는 이런 내 생각에 동의하지 않았다. 루스벨트 씨에 따르면 대략 국가마다 풍속이나 습관이 다른데, 주로 저임금 노동을 하는 일본인들은 행동이 매우 거칠다고 했다. 그리고 저축액이 약간 생기면 곧바로 귀국할 때가 많다고 했다. 확실히 이런 일본인들은 미국 입장에서는 그리 반가운 존재가 아니기에 어쩔 수 없이 일본인 이민 제한이 필요하다는 것이다.

단, 루스벨트 씨는 일본인 이민 제한은 결코 종교나 인종에 따른 차별조치는 아니라고 강조하면서 신사협정을 맺을 수밖에 없었던 이유를 설명했다.

-《청연 회고록》-

시부사와는 일본인이 불공정한 대우와 차별을 받고 있는 것 같다고 주장했습니다. 반면, 루스벨트 대통령은 미국 사회의 사정 때문에 일본인 이민자를 더 이상 받아들이기 힘든 것이라며 불공정한 대우와 차별이 아니라고 반박했습니다. 시부사와의 주장도, 루스벨트의 주장도 나름 일리는 있었습니다. 그렇게 두 사람의 의견 차이는 쉽게 좁혀지지 않았습니다.

그다음 해에 시부사와는 미일관계위원회를 설립했습니다. 시부사와는 정치인 이노우에 준노스케井上準之助, 사상가이자 《무사도》의 저자 니토베 이나조新渡戸稲造, 귀족원(상원) 의원 가네코 겐타로金子堅太郎 등 지미파 지식인들과 함께 미일 관계를 개선하고 미일 상호 이해를 높이고자 했습니다.

그런데 일본의 계속된 반대에도 다이쇼 13년(1924년)에 이민법(이른바 배일 이민법排日移民法)이 미국 의회에서 가결되었습니다. 각국에서 오는 이민자 수를 미국에 살던 각국 출신의 2% 이하로 제한한다는 내용이었습니다. 그런데 일본은 이 새로운 이민법이 미일 신사협정을 일방적으로 파기한 것이며 이민자 수가 많은 일본인을 겨냥한 것이라고 받아들였습니다.

이 소식을 들은 시부사와는 절망에 가까운 충격에 빠지고 말았습니다. 시부사와는 미국에서 새로운 이민법이 통과되었다는 소식을 듣자마자 강연회에서 이런 말을 했습니다.

"(배일 이민법이) 결국 국회를 통과했다는 소식을 들었습니다. 오랫동안 뼈를 깎는 노력을 한 보람이 없어졌습니다. 바보가 된 것 같습니다. 이런 사회가 싫어질 정도로 신과 부처는 없는 것이 아닐까하는 회의감마저 듭니다."*

앞서 소개한 미일관계위원회의 멤버들도 미국의 배일 이민법이 통과되었다는 보도에 미국에 배신감을 느끼며 실망이 이만저만이 아니었습니다. 가네코는 "더 이상 내가 할 일은 없다"**고 하면서 미일협회 회장직을 사임했습니다. 니토베는 "이 이민법이 철회될 때까지 다시는 미국 땅을 밟지 않겠다", "다른 나라 국민의 마음에 실망과 분노의 씨앗을 뿌려놓은 나라가 평화나 국제친선을 아무리 입에 올려봐야 와닿지 않는다"***라며 비판했습니다.

그러나 이런 상황에서도 마음을 고쳐먹고 끈기 있게 사태를 해결해 나가려고 한 사람이 시부사와였습니다. 시부사와는 멤버들의 불만을 들어준 다음, 마음을 달래주며 이런 말을 했습니다.

---

*/** 시부사와 마사히데, 《태평양에 걸린 다리 - 시부사와 에이이치의 생애》
*** 미노하라 도시히로簑原俊洋, 《미국의 배일운동과 미일관계 '배일이민법'의 성립 배경 アメリカの排日運動と日米関係「排日移民法」はなぜ成立したか》

"지금이야말로 불굴의 의지를 가지고 새로운 국면에 접어든 미일 관계에 대비해야 합니다. 이민법이 통과된 이상, 쉽게 철회될 것 같지는 않습니다. 그래도 미일관계위원회가 해야 할 일은 여전히 많습니다."[*]

시부사와는 다시 미래에 희망을 품고 계속 노력을 했습니다. 이후에도 시부사와는 민간 차원에서 미일 친선 교류 등을 위해 노력을 멈추지 않았으나 미일관계가 악화되는 상황을 멈출 수는 없었습니다. 그러다가 마침내 쇼와 16년(1941년) 미국과 일본은 '전쟁'이라는 최악의 결과를 맞이했습니다.

고귀한 일생을 살아간 시부사와

시부사와 에이이치는 일본과 해외를 누비며 경제에서 사회사업, 그리고 민간외교에 이르기까지 쉬지 않고 활약했습니다. 하지만 88세를 넘기면서부터는 점차 쇠약해졌고 쇼와 6년(1931년)에는 직장암에 걸려 10월에 수술을 받았습니다. 하지만 수술한

---

[*]   시부사와 마사히데, 《태평양에 걸린 다리 - 시부사와 에이이치의 생애》

보람도 없이 그다음 달부터 위독한 상태에 빠졌습니다. 이런 시부사와 에이이치의 임종을 지킨 손자 시부사와 게이조渋沢敬三가 당시의 상황을 멋진 문장으로 묘사했습니다. 그 문장을 소개해 드리겠습니다.

「병상에 누워계셨던 할아버지의 이야기가 나온 김에 글로 써 보고 싶었던 내용이 더 있습니다. 그것은 마지막까지 할아버지 곁을 지키면서 경험했던 일입니다. 이 일은 지금도 묘한 추억으로 남아 있습니다. 우선, 할아버지의 병실은 마지막까지 밝은 분위기였습니다. 흔히 병실은 '약 냄새, 환자의 기분, 그리고 간호사 특유의 존재감 때문에 이상한 분위기가 감돌기 마련인데, 할아버지의 병실에서는 처음부터 끝까지 이런 무거운 분위기가 조금도 느껴지지 않았습니다. 그리고 저의 착각인지는 모르겠으나 건강하셨던 할아버지와 병상에 누워계신 할아버지가 서로 다른 두 존재처럼 생각될 때도 종종 있었습니다. 마침내 할아버지의 마지막 순간이 다가왔습니다. 이 순간, 비통한 마음이 들기도 했고, 동시에 '아, 이래도 되는 걸까?'라는 생각이 들 정도로 오히려 마음이 편해졌습니다. 너무 거창한 비유일지도 모르겠습니다만, 빛을 내며 서산 너머로 저물어가는 태양이 쓸쓸하지만 아름답게 느껴지는 기분, 혹은 태양이 거대한 자연으로 돌아가는 것 같아 안심이 되는 기분이었습니다. 사후의 명복을 빌거나 극락왕생을 기원하는 기분이 아니라 오히려 편안하게 믿을 수 있는 어떤 존재에 의지하는 기분이 강하게 들었습니다. (중략) 다른 하나는 아주 사소한 내용이지만, 할아버지의 임종을 끝까지 지키면서 깨달은 부분입니다. 할아버지는 꽤 오랫동안 병상에 누워계셨는데도 몸에 거의 때가 없었습니다. 한 달이나 몸져누워 계셨고 꼬박 사흘 동안이나 고열이 계속되었던 할아버지의 몸에 때가 없다니 너무나 신기했습니다. 하야시 씨도, 간호사도 놀란 것 같았습니다. 그때 '덕박구중德薄垢重'*이라는 경문 한 구절이 문득 머리를 스치고 지나갔습니다. 이 순간을 아직도 기억하고 있습니다.」**

이렇게 해서 시부사와 에이이치는 1931년 11월 11일에 편안히 눈을 감았습니다. 향년 91세였습니다. 아오야마의 장례식장에서 야나카谷中의 사찰 간에이지寬永寺까지 이어진 길에는 시부사와를 에도하기 위해 찾아 온 사람들로 가득했는데, 무려 4만 명이 넘었습니다.

사실, 시부사와의 말년에 해당하는 시기에는 일본에서 암살이 횡행했습니다. 그야말로 암살이라는 광기로 얼룩진 시대였습니다. 사업가 중에서는 미쓰이 재벌의 총수를 지낸 단 다쿠마団琢

磨와 금융 재벌인 야스다 재벌의 창립자 야스다 젠지로^{安田善次}가 암살을 당했습니다.

그러나 실업계의 상징이던 시부사와를 노리는 자객은 없었습니다. 사심 없이 일본의 사회와 경제를 키워 온 시부사와에게 감사하는 사람은 있어도 칼을 겨누는 사람은 없었던 것입니다.

이를 잘 보여주는 상징적인 구절이 단가 잡지 〈아라라기^{アララギ}〉에 실렸습니다. '자본주의를 죄악시하는 우리들이지만 그대의 일생은 고귀하다고 생각한다.'

시부사와는 도쿄 우에노에 있는 야나카 공동묘지에 잠들어 있습니다. 시부사와의 묘지는 주군이었던 요시노부의 묘지와 가까운 곳에 있습니다.

제3장

시부사와 에이이치의
행동원리

일본을 위해 헌신한 시부사와

시부사와 에이이치의 생애 전반기를 다룬 제1장의 도입부에서도 언급했지만, 시부사와가 서로 다른 가치관 사이에서 우왕좌왕하는 모습은 모순적으로 비칠 수 있을 것입니다. 이를 상징적으로 보여주는 행보가 두 가지 있습니다. 첫 번째는 막부 타도를 외쳤다가 (궁지에 몰렸다는 이유가 있기는 해도) 히토쓰바시 집안의 가신을 거쳐 막부의 신하가 된 일입니다.

두 번째는 외세를 배격하자고 외쳤다가 프랑스에 가고 나서는 보기 좋게 큰 영향을 받아 생각이 달라진 일입니다.

실제로 시부사와가 프랑스에서 오다카 아쓰타다(학문의 스승이면서 아내인 치요의 오빠)에게 프랑스에서 편지를 보냈을 때 어느 고향 선배가 이런 말을 하고 다녔다고 합니다.

"막부를 쓰러뜨리겠다고 몸에 힘을 주던 에이이치가 히토쓰바시 집안의 신하가 되었다고 해서 조금 의아했는데, 이번에는 뻔뻔하게도 막부의 신하가 되어 버렸네. 아무리 잘난 체해도 역시 목숨은 아까웠나 보네. 그리고 서양 오랑캐를 몰아내자고 하던 에이이치가 이번에는 서양 오랑캐의 나라로 건너가서는 그 나라를 두둔하며 고마워하고 있다니. 도대체 어느 정도로 넉살이 좋아야 이렇게 할 수 있을까?"*

물론 시부사와가 고향 선배에게 이런 말을 들어도 어쩔 수 없는 부분이 있다고 생각하지만, 그래도 시부사와가 어떤 이유로 이렇게 행동했는지 궁금합니다.

이 수수께끼를 푸는 열쇠가 다카사키성 습격 계획에 있습니다.

계획을 실행에 옮기기 얼마 전, 시부사와는 아버지에게 "부모와 자식의 연을 끊게 해 주십시오"라며 의절을 허락해 달라고 했습니다. 만약 계획을 실행해 실패로 돌아가면 자신은 죽어도 상관없지만 연좌제가 적용되어 가족까지 처벌을 받는 것은 원하지

---

*   시부사와 히데오渋沢秀雄, 《시부사와 에이이치渋沢栄一》

않았기에 미리 대비를 하고 싶었던 것입니다.

물론 시부사와는 아버지에게도 다카사키성 습격 계획은 숨기고 있었기에 "지금의 혼란스러운 세상을 바로잡기 위해 집안에 얽매이지 않고 자유롭게 활동하고 싶습니다"라고 넌지시 말하기만 했습니다. 시부사와로서는 나름 아버지를 설득하려는 시도였습니다. 하지만 아버지는 이런 의견을 내놓았습니다.

"너, 혹시 네가 있어야 할 자리를 벗어나고 싶은 것은 아니겠지? 그러니까 분수에 맞지 않는 것을 바라고 있는 것은 아니지? 너의 뿌리는 농민이다. 그러니 어디까지나 분수에 맞게 농민이라는 위치에 만족하는 것이 좋아. 물론 막부의 정치에 무엇이 잘 못되었는지 논하거나 각로나 제후가 하는 일을 비판하면서 선과 악 혹은 충성과 간사함을 구분할 수 있는 지혜를 기르는 것이라면 개인의 뜻이니 방해하지는 않겠다. 하지만 신분에 걸맞지 않는 소망이라면 품지 않는 것이 낫지 않느냐?"

아버지의 말에 시부사와는 이렇게 대답했습니다.

"무사의 정치가 이토록 쇠퇴하고 부패했으니 앞으로 일본은 어떻게 될지 모릅니다. 만약 일본이라는 나라가 이대로 가라앉는다면, 그때도 '나는 농민이니까 상관없다'면서 방관하고 있을 수 있을까요? 차라리 아무것도 모르면 마음이 편할지도 모르겠습니다. 그러나 상황을 알게 된 이상, 국민의 한 사람으로서 절대로 한가롭게 있을 수만은 없다고 생각합니다. 이제 세상이 달라져 '사농공상'의 차별이 없어졌습니다. 그러니 지아라이지마무라의 시부사와 집안 일만 신경 쓰는 것은 더 이상 의미가 없어졌습니다. 하물며 제 개인만 생각하는 것은 더더욱 의미가 없다고 생각합니다."

시부사와의 이 말에는 훗날 시부사와가 보여주는 행동 원리를 이해하는데 필요한 중요한 키워드가 있습니다.

시부사와 사료관의 이노우에 준 관장도 지적하고 있지만, 시부사와는 이후 죽을 때까지 이 말을 평생 지키며 살았습니다. 즉, 시부사와는 이때부터 '일본을 강하고 번영한 나라로 만들기 위해 이 한 몸을 바치겠다'는 높은 이상을 품었으며 평생 이를 실천하며 살았습니다.

시부사와가 이러한 이상을 품은 것은 무사를 강하게 동경하고 있었기 때문입니다. 관동지방 북쪽에서 농민으로 태어난 시부사와는 자신과는 다른 신분인 무사를 동경했습니다. 정치를 담당하고 나라를 위해 무엇이든 하는 무사를 이상적으로 생각해 자신도 무사처럼 되고 싶다는 열망을 품었습니다. 이러한 점에서 시부사와는 농민 출신으로 주로 이루어진 사무라이 집단 '신센구미新撰組'와 비슷합니다.

시부사와와는 반대의 길을 걸어간 사람이 미쓰비시 재벌의 창시자 이와사키 야타로岩崎弥太郎였습니다.

이와사키는 도사번에서 신분이 낮은 사무라이인 '하사下士'로 태어나 신분이 높은 사무라이인 '상사 上士'로부터 괴로운 일을 많이 당했습니다. 이처럼 이와사키는 무사나 봉건 체제의 불쾌한 민낯을 계속 경험했기에 무사의 신분 따위는 버리고 장사에 매진할 수 있었습니다. 이와사키는 나라를 위해 일하는 것보다는 기업의 이윤을 추구하는 것이 더 가치 있다고 생각했습니다.

이처럼 시부사와와 이와사키는 메이지의 실업계를 대표하던 두 사람이었으나 걸어온 길은 완전히 정반대였습니다.

'왜 시부사와는 얼핏 모순적으로 보이는 행동을 했을까?' 그 행동 안에 숨은 의미를 이해하는 열쇠는 시부사와가 품었던 이상에서 찾을 수 있습니다.

폭넓은 독서, 그리고 사색과 충분한 의논

시부사와에게는 '막부 타도'나 '외국인 배척' 자체가 목적은 아니었습니다. 이 두 가지는 어디까지나 '강하고 번영한 일본'을 만들기 위한 수단에 불과했습니다. 따라서 반대로 '막부 유지', '외국인 수용', 혹은 '근대화 추진'이 강하고 번영한 일본을 만드는데 필요한 수단이라는 생각이 들면 유연하게 방향을 전환할 수 있었습니다. 즉, 시부사와는 높은 이상을 품고 있었기 때문에 '막부만 타도하면 나머지는 어떻게 되어도 상관없다', '외국인만 베어 죽이면 된다'처럼 편협한 생각에만 갇혀 있지 않고 넓은 방향에서 판단을 할 수 있었습니다.

의외로 이상이 높을수록 유연하게 행동할 수 있습니다. 여기서는 행동은 수단에 불과하기 때문입니다.

그렇다면 시부사와는 어떻게 행동을 수단으로 활용할 수 있었을까요? 시부사와가 길러온 두 가지 사고방식이 있었기에 가능했습니다. 우선, 어린 시절에 오다카 아쓰타다에게 받은 교육의 덕을 보았습니다.

시부사와 사료관의 이노우에 준 관장도 다음과 같이 지적한 바 있습니다.

「시부사와 에이이치는 다량의 정보를 매우 폭넓게 모은 후, 그 정보를 자신의 방식으로 곱씹어 쓸모 있는 지식으로 흡수해 자신이 가야 할 길이나 지침이라는 결과물을 내놓는다. 그래서 자잘한 실패를 몇 번 겪기도 하지만, 인생의 갈림길에 섰을 때는 '여기서 이 길로 가야 한다'는 신념이 있으면 계속 밀고 나간다. 이것이 91년의 인생을 성공으로 만든 비결이다. 그 출발점은 폭넓은 독서법이 아닐까?」*

---

* 　 이노우에 준, 《시부사와 에이이치 근대 일본 사회의 창조자渋沢栄一 近代日本社会の創造者》

시부사와가 어릴 때부터 읽어서 익숙한 이야기가 《삼국지》입니다. 《삼국지》에서 주인공 유비, 관우, 장비, 제갈공명은 한나라의 왕조를 다시 세워 천하를 태평하게 만들겠다는 높은 이상을 품으며 그 시대를 힘차게 살아갑니다. 혼란한 세상에서는 아무리 강한 사람도 눈앞의 정보만 믿거나 충성스러운 사람의 말을 무시하면 점차 몰락합니다.

또한 국제정치학자 기무라 마사토는 시부사와에 대해 이렇게 평가했습니다.

「차분히 논의한 후에 결정해 가는 '숙의 민주주의' 방식은 서양의 민주주의 사회뿐만 아니라 일본에도 있었다. 시부사와도 청년기에는 적은 수라도 동료들과 함께 큰 결단을 내리기 전에 충분히 의논하는 과정을 거쳤다. '숙의 민주주의'와 비슷한 방식이다.」*

확실히 다카사키성 습격 계획을 세웠을 때도 시부사와는 동료들과 밤낮으로 충분하게 이야기를 나눈 후에 자신의 의견에 문제가 있다고 납득이 되면 철회했습니다.

시부사와는 아무리 사람들 사이에 이해관계가 대립되어 갈등

---

* 기무라 마사토, 《시부사와 에이이치, 일본의 인프라를 만든 민간경제의 거인》

이 생겨도 충분히 논의하면 해결점을 찾을 수 있고 자신의 생각이 틀리면 태도도 바꿀 수 있다고 생각했습니다.

실제로 훗날, 이런 일이 있었습니다. 시부사와가 관계된 어떤 회사에서 불미스러운 일이 일어났습니다. 이후 주주총회에서 사장이 "건강상의 이유로 사장직을 사임합니다"라고 말한 뒤에 바로 물러났습니다. 그러자 시부사와가 자신이 의장 역할을 하겠다고 나서면서 분위기가 험악해질 대로 험악해진 주주 총회를 겨우 마무리할 수 있었습니다. 시부사와는 몇 시간에 걸쳐 이해관계자들의 의견을 모두 들은 후, 마지막으로 이해관계자들을 서로 납득시켜 일을 해결했던 것입니다.

철저하게 대화를 나누어야 최종적으로 최선의 길을 선택할 수 있다는 것이 시부사와의 신념이었습니다. 다만, 시부사와는 자신의 입장을 충분히 전하느라 그만큼 이야기가 길어지는 단점도 있었던 것 같습니다.

물론 시부사와의 방식에도 한계는 있습니다. 시부사와의 방식이 잘 통하지 않았던 예가 제2장에서 다룬 미일 관계의 개선이 아닐까 합니다.

제2장에서 언급했듯이 시부사와와 미국 대통령은 각각 일본과 미국의 이해를 대표하는 입장에서 미국 내 일본인 이민 문제를 논의했습니다. 문제는 이 '대표'라는 입장입니다.

집단을 대표하는 사람은 개인의 가치관이나 이해를 우선시

해서는 안 되기에 안이하게 타협을 할 수 없습니다. 또한 의견을 급격하게 바꿀 수도 없습니다. 자칫 소속 집단을 배신하는 행위가 될 수도 있기 때문입니다. 그렇기 때문에 집단을 대표하는 입장이 되면 타협도, 의견 철회도 매우 어려워집니다. 특히 소속된 집단이 규모가 크고 열광적일수록 이러한 경향은 더욱 강해집니다. 이 점이 개인과 개인의 대화와는 아주 다른 부분입니다.

현대에도 국제관계나 정당정치가 무난하게 돌아가기 힘든 이유도 이와 관련이 있지 않을까 합니다.

어쨌든 '자신이 세운 높은 이상을 평생 실천해 가려는 의지', '반대 의견까지 포함한 방대한 정보 수집', '사색과 충분한 의논'. 시부사와의 3대 행동 원리를 생각하면 왜 시부사와가 상황에 따라 태도를 유연하게 바꿀 수 있었는지 납득이 됩니다.

시부사와가 회사에 관여하는 방법에 나타난 4가지 패턴

또한 시부사와가 자신이 세운 높은 이상을 평생 실천해 가기 위해 중요한 행동 원리로 삼은 또 하나는 '사심이 없는 마음'인 것 같습니다. 시부사와는 다카사키성 습격 계획을 세울 때 죽음을 각오했습니다. 결국 이 계획은 중지되었고, 시부사와는 운 좋게 목숨을 건진 몸이니 남은 인생은 철저하게 '공적인 것을 추구하자'고 생각했습니다.

실제로 시부사와는 회사 설립에 관여할 때도 공적인 것을 추구했습니다. 조금 더 자세히 소개해 봅니다.

흔히 '시부사와 에이이치는 약 500개의 기업을 세우는 데 관여했다'라고 말합니다. 그렇다면 도대체 시부사와가 어떻게 이 많은 회사 설립에 관여할 수 있었을까요? 그 비밀을 밝혀낸 것이 시마다 마사카즈가 집필한 방대한 연구서《기업가로 활동한 시부사와 에이이치에 관한 연구渋沢栄一の企業者活動の研究》입니다. 이 연구서의 내용을 토대로 시부사와의 기업가 활동을 큰 줄기 속에서 다뤄봅니다.

우선 시부사와에 대해 자주 오해하는 것 중의 하나가 '시부사와가 약 500개의 회사를 만들었다'는 것. 하지만 엄밀히 말해 시부사와가 약 500개의 회사를 모두 차린 것은 아닙니다. 시부사와가 이렇게 많은 기업 설립에 관여한 방식을 살펴보면, 몇 가지 패턴이 있습니다.

① 처음에는 '설립 위원', '창립 위원장' 같은 지위를 맡아 관여하다가 이후에 사장(당시에는 '총재'나 '회장' 같은 명칭이 더욱 일반적)이나 이사가 되어 경영에 참가. 지금의 제국 호텔, 도쿄 해상 일동 화재 보험, 오지 제지 등이 대표적인 예.

② '감사역'이나 '상담역'과 같은 지위를 맡거나 특정한 지위를

가지지 않은 상태에서 경영을 지도하거나 원조. 지금의 시미즈 건설, 77은행 등이 대표적인 예.

③ 출자자로서 경영에 참여. 지금의 후루카와 기계금속, 시나가와 리프락토리즈 등이 대표적인 예.

④ 실적이 부진한 회사를 살리는 경영에 참여. 지금의 동양방의 전신 중 하나인 미에방적이 대표적인 예.

시부사와는 이처럼 크게 네 가지 방식을 조합해 각 기업의 설립에 관여해 갔던 것입니다.

물론 시부사와 혼자서 다수의 기업을 동시에 창업하거나 경영할 수는 없었기 때문에 신뢰할 수 있는 동료들과 역할을 나누어 맡았습니다. 경영학자 시마다 마사카즈의《기업가로 활동한 시부사와 에이이치에 관한 연구》에는 이런 내용이 나옵니다.

「시부사와가 다수의 사업에 동시에 손을 대려면 뜻을 함께 할 수 있는 사람들이 꼭 필요했다. 시부사와의 역할을 대신해 줄 수 있는 출자자 겸 경영자들이었다. 특히 시부사와가 사업을 시작한 초창기에는 출자자 겸 경영자가 맡은 역할이 매우 컸던 것으로 보인다. 그 역할을 맡은 사람이 아사노 소이치로浅野総一郎, 오오쿠라 기하치로大倉喜八郎, 마스다 다카시와 가쓰노리 형제益田孝 · 克徳兄弟, 마고시 교헤이馬越恭平, 제일은행의 사이온지 긴나루西園寺

公成, 구사카 요시오日下義男등이었다.

더욱이 많은 회사를 설립해 계속 유지하고 발전시키려면 바쁜 시부사와를 대신해 평상시에 회사 운영 상황을 모니터링해주는 협력자가 필요했다. 그 임무를 맡은 것이 우에무라 조자부로植村澄三郎, 오오카와 헤이자부로大川平三郎, 우메우라 세이이치梅浦精一 등 시부사와가 발탁해 키운 젊은 경영자들, 혹은 스도 도키이치로須藤時一郎, 도키 고土岐僙 등 제일은행 출신의 전문 경영자들이었다.」

시부사와의 곁에서 경영을 도운 사람들은 재벌 창시자(오오쿠라 기하치로, 아사노 소이치로), 미쓰이물산 창시자(마쓰다 다카요시), 일본 맥주왕(마고시 교헤이), 제지왕(오오카와 헤이자부로) 등 당시를 대표하는 재계 인사들이었습니다.

이들 대부분에게는 한 가지 공통점이 있었습니다.

오오쿠라 기하치로는 메이지 5년(1872년)에 민간인 입장에서 최초로 사비를 들여 미국과 유럽을 시찰한 일본인이었습니다. 마스다 다카시는 시부사와보다 먼저 막부를 통해 유럽에 파견되었는데, 분큐 3년(1863년)에 막부가 파견한 제2회 유럽 사절단에 참가했습니다. 이때 오오쿠라의 나이는 열다섯 살이었습니다. 오오쿠라는 유럽에 가고 싶은 마음에 '마스다 스스무益田進'로 이름으로 바꾸고 아버지의 시중을 들어야 한다는 이유를 대며 유럽 사절단의 일원으로 참가했습니다. 아사노 소이치로는 약간 뒤늦은 메이지 29년(1896년)에 유럽에 갔습니다.

이처럼 모두 서양에 가 본 적이 있다는 것이 공통점입니다. 미국과 유럽에서 근대화의 위력을 실제로 피부로 느낀 이들이기에 시부사와가 추구하는 목표를 정확히 이해해 적극적으로 협력할 수 있었습니다.

즉, 시부사와는 비전을 공유할 수 있는 동료들과 근대식 기업을 세워 나갔습니다.

근대 일본의 설계자이자 운영자인 시부사와

자, 이처럼 여러 기업의 설립에 관여한 시부사와는 어떻게 수입을 얻었을까요? 놀랍게도 시부사와는 여러 직책을 맡았으나 보수는 거의 받지 않았습니다.

실제로 살펴보면 시부사와의 전체 수입에서 기업 설립에 관여해 번 돈이 차지하는 비중은 10%에 지나지 않았습니다.

시마다 마사카즈의 《기업가로 활동한 시부사와 에이이치에 관한 연구》에서도 이러한 내용이 소개됩니다.

'시부사와는 여러 회사의 직책을 맡고 있었지만 거의 무급이었다. (중략) 봉급은 주로 제일국립은행에서 나왔다.'

그렇다면 시부사와는 그 외의 수입은 어디서 얻었을까요? 시부사와는 회사의 설립에 관여할 때 당연히 그 회사의 주식을 어느 정도 인수했습니다. 만약 회사의 경영이 순조롭다면 주식에 대한 배당금이 나옵니다. 바로 이 배당금이 시부사와에게 중요한 수입원이 되었습니다. 하지만 시부사와는 주식도 시기를 보고 매각했습니다.

시마다 마사카즈의 《기업가로 활동한 시부사와 에이이치에 관한 연구》에서도 이러한 내용이 나옵니다.

「시부사와는 보유하고 있던 주식 중에서 어느 정도까지는 시장이 돌아가는 상황을 보다가 유리한 시기에 매각했다. 이렇게 주식을 매각해 번 돈은 새로운 회사의 주식을 인수할 때 필요한 자금으로 사용했다.」

지금으로 치면 시부사와는 벤처 투자가와 비슷했습니다. 생긴 지 얼마 안 된 회사의 주식을 사서 주식 가격이 오르면 팔고, 그렇게 얻은 수익은 이후 새로운 기업에 투자할 때 필요한 자금으로 활용하기를 반복한 것입니다.

그러나 근대식 회사는 기계 구입이나 공장 건설 등을 위해 들어가는 초기 비용이 엄청납니다. 게다가 당장은 이익이 나지 않는 비즈니스였습니다.

시마다 마사카즈의 《기업가로 활동한 시부사와 에이이치에 관한 연구》에도 잘 나와 있습니다. 관련 내용 두 군데를 소개합니다.

「시부사와가 직책을 맡은 회사는 하나같이 초기 투자비용이 많이 필요했고 수요 부족이라는 문제도 있어서 수익을 내기까지 시간이 오래 걸렸다. 주주가 기대하던 배당금은 충분히 나오지 않았다. 이러는 가운데 시부사와는 주주를 위해서 계속 납입, 추가 출자, 사채인수라는 새로운 부담을 떠안아야 했다. 이를 위해 시부사와는 이사회나 회장직 자리에 맞게 경영책임의 범위를 명확히 하고 솔선수범해야 하는 무거운 책임을 맡았다.」

사실, 시부사와는 실적이 잘 나오지 않는 회사를 지탱하기 위해 사재를 꽤 많이 털어내기도 했습니다.

「회사 운영이 곤란할 때는 개인 재산을 털어 필요한 자금을 투입하기도 했으나 투자금을 전부 회수할 수 있는 것은 아니었다. 오히려 회수하지 못한 투자금이 꽤 많았다. 시부사와는 자금을 투입해 다양한 형태의 자금과 신용을 비즈니스에 공급했다. 이러한 방식을 통해 시부사와는 메이지 중기에 불안정하고 불확실했던 비즈니스가 안정될 때까지 장기적인 관점에서 지원했다고 할 수 있다. 하지만 실제로는 사비를 꽤 많이 털어서 자금을 마련하는 방식을 사용했다.」

시부사와 에이이치라고 하면 사전 등에서는 '실업가'라고 불립니다. 그런데 최근에 전문가들 사이에서는 과연 시부사와를 '실업가로 부를 수 있는 것인지 잘 모르겠다'는 인식이 퍼지고 있습니다. 왜냐하면 시부사와의 실업 활동에는 '실업가'가 되기 위한 필수 조건이 부족했기 때문입니다. 그 필수 조건은 바로 '돈을 벌고 싶은 의욕'이었습니다.

시부사와는 '일본을 강하고 번영한 나라로 만들겠다'는 높은 뜻을 실현하기 위해 기업과 실업계를 육성하고자 했습니다. 단순히 돈을 벌고 싶다면 직급에 대한 봉급은 받아야 하고 배당 받은 주식은 팔지 않고 수중에 남겨 두어야 하는 것이 맞습니다. 재벌을 만들어 자회사 안에서 인재나 돈을 돌리는 것이 가장 수월하게 돈을 버는 방법입니다. 재벌을 만들지 않은 시부사와에 대해서는 뒤에서 자세히 설명하겠습니다.

시부사와는 눈앞의 이익에는 별로 관심이 없었습니다. 그보다는 필요한 곳에 자금을 쏟아부으면서 일본의 근대 산업을 키워 가는 일에 열중했습니다.

시부사와를 정확히 표현하는 수식어라면 '근대 일본 제도의 설계자이자 운영자'일 것입니다. 실제로 시부사와는 여러 개혁을 성공시켰고 사회사업에도 관여한 인물입니다.

게다가 제2장의 도입부에서 언급했지만, 시부사와가 평생 힘을 쏟은 것은 실업계보다는 복지나 교육, 의료 등의 사회사업이었습니다. 그렇다면 시부사와는 왜 앤드류 카네기나 존 록펠러와는 달리 젊은 시절부터 실업계의 일과 사회사업을 동시에 했을까요?

강하고 번영한 일본을 만들어가려면 빈민 구제, 병원, 교육, 사회집단 간의 이해관계 조정과 관련된 사회사업은 꼭 필요했기 때문입니다. 그렇기 때문에 시부사와는 '근대 일본의 제도 설계자·운영자'의 입장에서 사회사업에 늘 관여했던 것입니다. 시부사와에게는 사회사업은 실업계에서 성공하고 나서 부수적으로 하는 활동이 아니었습니다.

또한 시부사와는 사리사욕에 집착하지 않았습니다. 그래서 70대까지도 다수의 회사 경영에 관여했던 것입니다. '일당 사건' 때는 '손대는 기업이 너무 많다'라는 비판까지 들었으나 시부사와는 오히려 사심이 없었기에 많은 기업 일에 관여할 수 있었습니다.

실제로 시부사와는 당시 여러 기업의 경영에 적극적으로 관여했다기보다는 부탁받은 것을 거절하지 못해 뒤에서 일을 봐주는 경우가 많았습니다. 기업마다 이해 관계자끼리 옥신각신하거나 현명한 판단을 할 수 없을 때, 시부사와가 중재자나 조정자로 나섰습니다. 기업들에게 이런 시부사와는 꼭 필요한 존재였습니다.

왜냐하면 당시 실업계 관계자들은 시부사와 에이이치라면 '사리사욕에 얽매이지 않고 대국적인 관점에서 납득할 수 있는 판단을 해 준다'라고 생각하고 있었기 때문입니다. 그래서 임원이나 위원을 새로 뽑을 때에도 '시부사와 에이이치만은 뺄 수 없다'라는 분위기가 강하게 형성되어 있었기 때문에 시부사와는 다수의 기업 일에 계속 관계되었던 것입니다.

뿐만 아니라 시부사와를 평범한 기업인이라고 부를 수 없는 또 다른 이유가 있습니다. 엄청난 수의 회사 일과 관련된 시부사와가 정작 재벌은 만들지 않았기 때문입니다.

재벌을 만들지 않은 시부사와

재벌이란 특정 가문이 인재와 자금을 보유하고 그 흐름을 통제해 다각화된 기업군을 지배하는 형태를 말합니다. 일본에서도 메이지 시대 이후로 미쓰비시, 미쓰이, 야스다, 스미토모 등의 재벌들은 일본 경제를 지탱하는 큰 기둥이었습니다.

만약 개인과 집안의 이익만 생각한다면 재벌을 만드는 것이 합리적입니다. 그러나 시부사와는 정반대의 방향을 선택했습니다. 물론 시부사와가 관계된 기업 중에는 시부사와 계열이라고 불리는 기업도 많이 있습니다. 하지만 이런 시부사와 계열의 기업도 시부사와 가문의 지배를 받거나 시부사와 가문의 자금과 사람들로부터 통제를 받거나 하지는 않습니다. 그저 시부사와 가문과 느슨한 연결고리로 이어져 있었을 뿐입니다.

《논어와 주판》에 다음과 같은 구절이 있습니다.

나 시부사와는 나와 같은 마음을 가지고 함께 해 나갈 인재를 진심으로 대할 것이다. 인재를 도구로 사용해 자신의 세력을 넓히려는 개인적인 욕심은 추호도 없다. 단지 적재적소의 인재를 얻고 싶다. 이것이 나의 솔직한 심정이다.

적재적소에서 인재가 활약해 성과를 낸다면, 그 자체가 국가와 사회에 진정으로 기여하는 일이다. 그러면 그러한 인재를 키운 나 시부사와도 국가와 사회에 공헌하는 것이 된다.

이러한 신념을 가지고 인재를 기다리고 있다. 권모술수로 인재를 곤란에 빠뜨려 오점을 안겨주거나 내 사람으로만 독차지해서 쓰거나 하는 죄는 짓고 싶지 않다.

인재가 활동하는 세상은 자유로워야 한다. 인재가 시부사와와 활동하는 무대가 좁다고 느낀다면 당장이라도 보내줄 것이다. 인재가 바다처럼 넓은 무대에서 마음껏 실력을 발휘할 수 있기를 진심으로 바라기 때문이다.

-《논어와 주판》, '처세와 신념'-

왜 시부사와는 인재를 독차지하려고 하지 않았을까요? 다시한번 강조하지만, 시부사와는 '일본을 강하고 번영한 나라로 만들겠다'는 높은 이상을 지녔기 때문입니다. 우수한 인재를 독점하면 재벌에는 좋은 일일지 몰라도, 일본 전체를 놓고 보면 큰 손실이 될 수도 있습니다.

시부사와는 이를 말뿐이 아니라 실천으로 옮겼습니다. 제2장에서 후지야마 라이타와 다카미네 조키치와 관련된 에피소드에서도 소개한 내용입니다. 시부사와는 적대적인 관계의 사람이라도 인재라면 기회를 주었고 넓은 세상에서 활약하고 싶은 인물이라면 언제라도 보내주겠다는 마음을 먹었습니다. 시부사와는 그런 사람이었습니다. 이것이 넓게 보면 일본에 도움이 되기 때문입니다.

한편, 시부사와와는 정반대의 길을 걸었던 사람이 이와사키 야타로였습니다. 이를 상징적으로 보여주는 예시가 메이지 11년 (1878년) 시부사와와 이와사키의 만남이었습니다. 이 두 사람의 만남은 일명 '뱃놀이 사건(일본어로는 '야카타부네 사건 屋形船事件')이라고 불렸습니다.

합본이냐 독점이냐

이 사건은 시부사와가 38세 때의 이야기입니다. 시부사와는 이 사건을 훗날 자서전 《우야담회담화필기雨夜譚会談話筆記》에서 이렇게 회고했습니다.

어느 날 이와사키 야타로 씨로부터 "뵙고 싶습니다. 뱃놀이 준비가 되어 있어서"라는 말을 들었다. 그때, 나는 요리집인 마스다야增田屋에 갈 채비를 하고 있었기 때문에 바로 이와사키 씨가 있는 곳에 가기는 힘들었다. 그래서 심부름꾼을 통해 여러 번 전갈을 보냈다. 그리고 이와사키 씨가 있는 요정인 가시와야柏屋로 향했다. 가시와야에 가면 게이샤를 14~15명이나 부른다.

둘이서 배를 타고 그물치기 등을 하고 있는데, 이와사키 씨가 사실 할 얘기가 조금 있다고 하면서 앞으로 실업계는 어떻게 하면 좋겠느냐고 물었다. 나는 당연히 "합본법으로 해야 합니다. 지금처럼 해서는 안 됩니다"라고 말했다. 그러자 이와사키 씨는 "합본법은 어렵습니다. 좀더 개인이 주도하는 방향으로 해 나갈 필요가 있습니다"라고 주장했다. 우리 두 사람은 큰 틀에서 '합본법이 좋다', '아니다, 합본법은 별로다'라며 서로의 주장을 굽히지 않았다. 이대로는 결말이 나지 않기에 결국 나는 게이샤를 데리고 그 자리에서 일어났다.

시부사와가 언급한 '합본법'은 제5장에서 자세히 다룰 예정이라 여기서는 간단히 소개합니다.

① 어떤 사업을 하려고 할 때 필요한 인력이나 자금부터 모으는 것.

② 함께 모인 사람들이 깊이 논의하고 결정해 사업을 이어간 후, 사업에 성과가 생기면 그 이익을 함께 나누어 사람들과 나라가 더불어 잘 살아가는 것.

이런 방식이 합본주의입니다.

반면, 미쓰비시 재벌의 창시자인 이와사키 야타로는 많은 사람이 모이면 경영에서 신속한 결단을 할 수 없기 때문에 위에서 사안을 결정해야 한다고 생각했습니다. 바로 '톱다운' 재벌 시스템이 밑바탕에 깔려 있습니다.

우선, 시부사와와 야타로가 각기 추구하는 회사의 방향은 정반대였습니다.

게다가 시부사와의 회고록에서는 생략되었지만, 이때 두 사람이 나눈 대화에서 또 다른 대립축이 있었습니다. 당시 두 사람이 모인 자리에 함께 한 마스다 다카시가 당시의 일을 떠올리며 이런 글을 썼습니다.

「어느 날, 이와사키 씨가 시부사와 씨를 료고쿠兩国에 있는 요정(가시와야를 가리킨다 - 필자)에 초대했다. 그리고 이와사키 씨는 시부사와 씨에게 둘이서 손을 잡으면 하늘 아래 못 하는 일이 없을 것이라고 했다. 협력하지 않겠냐는 제안이었다. 그러나 시부사와 씨는 이 제안을 받아들이지 않았다. 이와사키 씨는 술을 꽤 많이 마셨지만, 시부사와 씨는 술을 별로 마시지 않았다. 아무리해도 두 사람 사이에 결론은 나지 않은 채 시간이 흘렀다. 그리고 마침내 시부사와 씨는 이와사키 씨가 열심히 공을 들이던 게이샤를 데리고 어디론가 잠적해 버렸다. 이것으로 모든 것이 끝났다.」*

즉 이와사키는 업계를 독점해야 이익을 많이 얻을 수 있다고 생각했습니다. 그렇기 때문에 이와사키는 시부사와에게 함께 손을 잡으면 이익은 원하는 대로 얻을 수 있다고 말한 것입니다.

하지만 시부사와의 생각은 달랐습니다. 시부사와는 기업이나 산업이 건전하게 발전하려면 경쟁이 필요하며 독점은 사회에 악영향을 끼친다고 보았던 것입니다. 제1장에서도 언급했듯이 시부사와는 사리사욕에 사로잡히지 않는 마음을 동경했습니다. 즉, 시부사와의 모든 행동은 기본적으로 공익 추구가 원칙이었습

---

* 마스다 다카시, 《자서전 - 노인이 된 마스다 다카시가 들려주는 이야기》

니다.

시부사와와는 반대로 이와사키는 기본적으로 장사에서 성공하는 것을 추구했습니다. 확실히 이익을 높이려면 독점이 가장 효과적인 방법이기는 합니다. 무사가 되기를 포기하고 상인의 길에 매진했던 이와사키였기에 합리성을 중시했습니다.

그러나 시부사와는 이와사키의 생각에 동의할 수 없었습니다. 그렇게 두 사람은 평행선을 달리며 서로 다른 길을 갔습니다.

더욱이 그로부터 2년 후, 시부사와는 미쓰비시가 독점하고 있던 해상 수송의 아성을 무너뜨리고자 일부러 경쟁 회사를 만들어 대항합니다. 건전한 발전을 위해서는 경쟁이 필요하다는 생각에서였습니다. 그리고 이 일을 계기로 시부사와와 이와사키의 관계는 완전히 틀어졌습니다.

막번체제의 모순

시부사와의 사상에 큰 영향을 미친 배경에 대해 이노우에 준 관장이 지적한 흥미로운 내용을 소개합니다.

「시부사와는 막번체제(에도 막부와 여러 번으로 이루어진 에도 시대의 정치 지배 체제)의 일본 사회를 보면서 그야말로 세상의 모순을 제대로 느꼈습니다. 시부사와는 이런 생각을 했습니다. '아무리 영주에게 권력과 재물이 모여도 영주가 다스리는 영지와 여기에 사는 백성들이 풍요로운 생활을 하는 것은 아니다. 영주는 우리가 열심히 땀 흘려 쌓아온 것을 '어용금'이라는 명목으로 쉽게 가져간다. 그야말로 착취다. 정말 이상하지 않은가? 영주가 영지를 확실히 지배하려면 영지의 백성들이 돈을 벌어 풍요롭게 살 수 있는 방법을 궁리하는 것이 낫지 않은가?' 바로 여기에서부터 시부사와의 사상이 생겨났다고 생각합니다. 그리고 이러한 사상이 출발점이 되어 시부사와 에이이치의 《논어와 주판》과 '합본'이라는 개념이 탄생했습니다. '합본'이라는 사고방식은 이렇습니다. '모두의 힘을 모아 하나의 사업을 한다. 금융자본뿐 아니라 사람의 힘도 끌어모은다. 이렇게 하면 사업이 모두의 것이 된다.'

이처럼 시부사와는 합본을 추구했기 때문에 독점을 싫어했습니다. 《논어와 주판》에서도 확인할 수 있는 내용입니다. '역의 개찰구에서 서로 나만 빨리 가려고 서두르면 오히려 그 누구도 지나갈 수 없게 된다. 오히려 서로 상대에게 양보해 질서정연하게 간다면 모두 쉽게 통과할 수 있다.' 시부사와는 합본주의를 구체직으로 실천할 사람이 자기 자신이라고 생각했습니다.」*

---

*   <청연> (2020.6)

확실히 시부사와가 동경하는 통치자는 사리사욕이 없는 무사였습니다. 사익을 추구하지 않는 무사가 이끄는 정치는 에도 시대의 막번체제와는 정반대입니다. 즉, 상인을 포함해 일반 백성의 처지를 배려해 모두가 풍요로워질 수 있는 방법을 찾는 정치입니다.

반대로 이와사키는 무사의 길을 일찌감치 단념하고 상인의 길을 갔으나 정작 추구하는 비즈니스 방식은 과거 봉건 영주의 통치 방식과 별로 다르지 않았습니다.

이처럼 시부사와와 이와사키는 하나부터 열까지 맞는 부분이 하나도 없었습니다. 비록 정반대의 길을 갔으나 이 두 사람이 존재했기 때문에 일본의 실업계나 자본주의가 한층 발전하기는 했습니다.

제2차 세계대전 이후에 근대화를 이룬 아시아와 아프리카의 국가들은 많습니다. 하지만 경제를 주로 이끌어가는 기업은 공기업이나 재벌에 치우쳐 있을 때가 많습니다. 이에 비해 일본은 재벌만 있는 것은 아닙니다. 재벌이나 공기업이 아니어도 뛰어난 기업도 많이 있기 때문입니다. 이같은 일본의 구조는 시부사와가 재벌을 만들지 않은 덕분입니다. 그 결과 일본은 다양한 기업들이 공존하는 실업계 환경을 갖추면서 경제대국이 될 수 있는 기반을 쌓을 수 있었습니다.

만년에 시부사와는 아들들에게 이런 말을 했다고 합니다. "우리 집안의 부를 쌓겠다고 마음 먹었다면 말이야, 미쓰이나 이와사키에게도 지지 않았을 거야(여기서 시부사와가 웃었습니다). 하지만 그럴 마음이 없었어. 그러니 그 누구에게도 진 것도 아니지."*

시부사와의 말이 맞는 것 같습니다. 실제로 시부사와는 재벌을 만들 생각이 없었습니다. 그렇기 때문에 시부사와 가문의 재산은 다른 기업가 가문의 재산과 비교했을 때 정말로 액수가 작았습니다.

제2차 세계대전이 끝나고 연합군 최고사령부가 일본 정부에게 이른바 '재벌 해체'를 명령했습니다.

재벌이 일본 군국주의를 키운 하나의 요인이 되었다는 판단에서 나온 조치입니다. 이때 대장대신을 맡은 것이 공교롭게도 시부사와 에이이치의 손자인 시부사와 게이조였습니다. 시부사와 게이조는 미쓰비시나 미쓰이 등 재벌을 해체하는 임무에 최선을 다해야 한다고 생각했습니다. 그래서 자신의 집안과 관계된 시부사와 계열사라고 해도 조금이라도 재벌 같다는 의심이 들면 가차 없이 해체했습니다.

이 당시에 이루어진 조사에 따르면 가문의 재산 규모를 봤을

---

* 시부사와 히데오, 《시부사와 에이이치》

때, 미쓰비시 집안은 약 33억 엔, 미쓰이 집안은 약 30억 엔으로 나왔습니다. 하지만 시부사와 집안은 단돈 1,000만 엔만 있는 것으로 나왔습니다. 더구나 시부사와 게이조가 시부사와 계열사라고 의심되는 큰 기업도 재벌로 보고 해체해 버렸기 때문에 이후에 시부사와 집안은 정말로 경제적인 풍요로움과는 거리가 멀었던 것 같습니다.

지금까지 설명한 시부사와 에이이치의 행동원리를 다음과 같이 요약해 정리합니다.

- '강하고 번영한 일본을 만들겠다'는 평생의 의지
- 반대 의견까지 포함한 포괄적인 정보 수집
- 충분히 논의하고 결정하는 과정 중시
- 사리사욕을 추구하지 않는 마음

이 네 가지의 행동원리에 초점을 맞추면서 시부사와의 사상을 탐구해 왔습니다. 이 중에서도 '강하고 번영한 일본을 만들겠다는 평생의 의지'와 '사리사욕을 추구하지 않는 마음'의 출발점은 무사를 향한 동경이었습니다. 즉, 이상적인 통치자인 무사를 동경하는 시부사와의 마음이었습니다.

이처럼 시부사와는 이상적인 무사를 동경했기에 남다른 업적을 남겼습니다. 하지만 다른 사람들, 특히 다른 기업가들에게 시부사와처럼 해야 한다고 강요하기는 힘듭니다. 어쨌든 기업가나 상인은 무사와는 정반대의 원리로 움직일 때가 많기 때문입니다…….

이상적인 무사를 동경했던 시부사와는 '논어와 주판', '도덕경제합일설'을 내세웠습니다. 이제 제4장과 제5장에서는 시부사와가 이 두 가지 사상을 주장할 수밖에 없었던 배경을 알아봅니다.

- 시부사와가 일본에 도입하고 싶어 한 경제 구조
- 시부사와의 독창적인 사상이 담긴 '합본주의'의 개념

이렇게 두 가지 관점에서 살펴보겠습니다.

제4장

왜 시부사와는
'논어와 주판'을
외쳤을까?

루스벨트 대통령과의 만남

제1장의 끝부분에서 소개했던 내용이지만, 시부사와는 대장성의 관료직을 사임할 때 동료였던 다마노 세이리玉乃世履에게 "평생《논어》와 함께 살아갈 것이다"라고 말했습니다. 하지만 시부사와는 대장성을 나온 이후로 약 30년간은 '논어'로 상징되는 도덕의 중요성을 일반 사람들에게 설파하거나 하지 않았습니다.

그렇다면 왜 갑자기 시부사와가 논어나 도덕을 이야기하게 되었을까요? 중요한 계기가 된 것이 메이지 35년(1902년) 아내와 함께한 미국 방문이었습니다. 미국에 온 시부사와는 두 번이나 큰 충격을 받았습니다.

우선, 시부사와는 당시 시어도어 루스벨트 대통령과 만나 이야기를 나누면서 첫 번째 충격을 받았습니다. 시부사와가 떠올린 당시의 상황을 소개합니다.

처음 루스벨트 대통령을 만났을 때 연신 일본의 군대와 미술에 대한 칭찬의 말을 들었다.

'일본의 군사는 용감하고 전술이 풍부하며 덕을 갖추고 있고 절도가 있어 지극히 청렴결백하다. 의화단 사건(1900년에 일어난 중국의 내란) 해결을 위해 함께 행동한 미국의 군대는 일본의 군대가 지닌 훌륭함에 감탄했다'고 칭찬했다. 또한 일본의 미술도 서양 사람들이 아무리 해도 따라 하기 힘든 미의식이 있어서 동경하게 된다는 칭찬도 있었다. 하지만 나는 이 두 가지의 칭찬을 들으면서 이렇게 대답했다. "저는 은행가이지 미술가가 아닙니다. 군인도 아니어서 군대에 대해서도 잘 모릅니다. 각하께서는 일본의 군대와 미술만을 칭찬하셨지만, 다음번에 다시 뵐 때는 일본의 상공업에 대해서도 칭찬의 말씀을 들을 수 있도록 일본의 국민과 함께 힘쓸 것입니다." 이에 루스벨트 대통령은 이렇게 말했습니다. "일본의 군대와 미술을 칭찬한 것은 일본의 상공업이 부족해서가 아닙니다. 일본의 장점 중에서 군사와 미술이 먼저 눈에 들어왔기 때문입니다. 일본에서 중요한 분이 오셨기에 이같은 일본의 장점을 먼저 이야기하는 것이 좋다고 생각했습니다. 그뿐입니다. 절대로 일본의 상공업을 무시하는 마음은 없었습니다. 저의 표현이 부족했던 것이니 섭섭하게 생각하지 않으셨으면 좋겠습니다.”

그래서 나도 이렇게 대답했다. “아닙니다. 섭섭하거나 그런 것은 않습니다. 각하께서 일본의 장점을 칭찬해 주신 점은 감사하게 생각합니다. 다만 상공업이 일본의 세 번째 장점이 될 수 있도록 끊임없이 고민하고 싶습니다.” 이처럼 루스벨트 대통령과 허심탄회하게 이야기를 나누었다.

-《논어와 주판》, ‘주판과 권리’-

그러나 사실, 시부사와는 루스벨트 대통령의 말을 듣고 크게 실망했습니다.

‘일본의 상공업을 발전시켜 세계 수준으로 끌어올렸다.’ 이것이 시부사와의 자부심이었습니다. 그런데 미국 대통령이 정작 일본의 장점으로 칭찬한 것은 청일전쟁이나 의화단 사건에서 힘을 발휘한 군대와 우키요에(에도 시대의 풍속과 풍경을 소재로 한 다색판화) 등으로 대표되는 미술뿐이었던 것입니다. 일본의 상공업은 아직 해외에서는 그다지 높은 평가를 받지 못하고 있었던 셈입니다. 시부사와가 씁쓸한 현실을 깨닫는 순간이었습니다.

런던에서 들은 불만

그리고 영국으로 건너간 시부사와가 런던 상업회의소 회원들과 의견을 나누다가 두 번째 충격을 받게 됩니다. 어느 회원으로부터 다음과 같은 불만을 들은 것입니다.

일본인은 타인과의 약속을 지키지 않습니다. 그러니까 일본인은 신용이 별로 없다는 뜻입니다. 예를 들어서 일본인은 경기가 좋아 물건이 잘 팔릴 것 같으면 주문품을 빨리 찾아가지만, 물건이 잘 팔릴 것 같지 않으면 주문품을 빨리 찾아가지 않습니다.

늘 상대하는 거래처라 매번 계약서를 일일이 작성할 수도 없는 노릇이고요. 일본인에게 주문한 제품이 준비되면 인수해 달라고 미리 편지나 전보를 보냅니다. 그런데 형편이 좋으면 주문품 품을 얼른 찾아가지만, 반대로 형편이 어려울 때는 주문품을 빨리 찾아가지 않고 우물쭈물하는 것이 대부분의 일본인이 습관적으로 보여주는 태도입니다. 이 때문에 저뿐만이 아니라 다른 영국인 상인들도 곤란해 합니다. 기본적으로 일본인은 신용을 중시하지 않습니다. 이 부분이 개선되지 않으면 앞으로 일본과의 거래를 이 이상 늘려나가기 힘들 것 같습니다.

그리고 이런 말씀 드리기가 조심스럽지만, 일본인은 영수증을 이중으로 작성해달라고 요청할 때가 많습니다. 세금을 적게 내기 위해 원래의 가격보다 낮은 가격으로 영수증을 따로 써달라고 하는 것입니다. 저희 회원인 영국인 상인이 영수증을 따로 써주는 것은 조금 곤란하다고 나오면 일본 쪽에서 거래를 중단하겠다고 나옵니다. 결국 저희 회원 상인들은 어쩔 수 없이 일본인 상인들의 요구대로 해주고는 있으나 괴로워합니다. 이런 악습은 꼭 시부사와 씨처럼 영향력 있는 분들을 통해 시정이 되었으면 합니다. 이런 부분이 개선된다면 일본과의 무역도 점점 늘어날 것입니다.

-《논어강의》, 헌문 14장-

이 말을 들은 시부사와는 얼굴이 새파랗게 질립니다. 막연히 소문을 듣기는 했지만 일본인 상인들의 상도덕이 이 정도로 타락했다고는 생각하지 못해서였습니다. 일본으로 귀국한 시부사와가 상도덕이 필요하다고 주장하게 된 이유입니다.

그렇다면 당시에 정말로 일본의 상도덕이 이 정도로 타락했을까요? 안타깝지만 사실이었습니다. 메이지 17년(1884년), 당시의 농상무성이 지금의 경제백서에 해당하는 《흥업의견》 전 30권을 발간했는데, 첫머리에 이런 내용이 있습니다.

'상업은 특별한 규율 없이 이루어지고 있었다. 때문에 사기가 상업의 본질이라고 생각되기도 했다'*

---

*   《메이지와 다이쇼 시대 농업정책 경제명저집1 흥업의견》

런던대학교의 자넷 헌터 Janet Hunter도 메이지 시대에 각 나라의 상도덕 수준을 비교하는 연구를 했는데, 일본의 상도덕 수준을 다음과 같이 소개했습니다.

「영국과 일본 사이에 체결되어 발효된 영일 통상항해조약이 개정되던 1899년(메이지 32년-저자 인용)에 일본인의 상도덕은 '힌두교인의 상도덕 혹은 터키인의 상도덕'보다도 낮다고 한다. 아시아에서 상도덕이 가장 높은 중국과 비교해 일본은 상도덕이 한참 떨어지는 경우가 많았다.」*

이러한 배경에는 급격한 근대화와 자본주의의 물결이 있었습니다. 에도 시대에 근대화와 자본주의가 전통 사회에 급격히 파고 들면서 돈의 영향력이 지나치게 강해졌던 것입니다. 그 결과 '배금주의'와 '돈만 벌면 된다는 한탕주의'를 추구하는 분위기가 만연했습니다.

1990년대 이후에는 중국이 이와 비슷한 문제를 겪게 되었습니다. 이전부터 시부사와는 일본인 상인을 둘러싼 안 좋은 이야기를 듣고 있긴 했습니다. 하지만 일본인 상인에 대한 불만을 직

---

* 자넷 헌터, 일본어판 번역서의 제목은 《글로벌 자본주의 속의 시부사와 에이이치, 공정한 수단으로 부를 얻다 グローバル資本主義の中の渋沢栄一 「公正な手段で富を得る」》

접 들으면서 사태의 심각성을 깨닫게 되었습니다.

나폴레옹 3세의 경제 정책

시부사와가 런던에서 일본인 상인에 대한 불만을 직접 듣고 큰 충격을 받은 데에는 이유가 있습니다. '내가 키워낸 일본 실업계의 수준이 너무 낮다'는 현실과 직접 마주하게 되었기 때문입니다. 비유하면 이렇습니다. 귀하게 키운 우리 아이에 대해 좋지 않은 소문이 있다는 것은 어렴풋이 들었지만, 막상 선생님이나 반 친구들로부터 우리 아이가 '거짓말쟁이다'라는 말을 직접 듣게 된다면 기분이 어떨까요? 당시 시부사와의 기분이 이와 비슷하지 않았을까요?

여기에 시부사와는 영국인 상인으로부터 '일본인 상인은 신용할 수 없다'는 말을 듣고 또 한 번 깊은 충격을 받았습니다.

이는 시부사와가 일본에 도입하려고 했던 경제 구조, 그리고 시부사와가 목표로 삼은 합본주의 사상과 관계된 에피소드입니다. 이 두 가지 내용을 알아보겠습니다.

우선, 시부사와는 일본에 어떤 경제 구조를 도입하려고 했을까요? 이는 현대 일본의 경제 시스템과도 깊이 관계가 있기에 조금 자세히 소개하려고 합니다.

시부사와가 모델로 삼은 것은 프랑스에서 직접 관찰한 나폴레옹 3세의 경제 정책이었습니다.

나폴레옹 3세는 그 유명한 나폴레옹 보나파르트의 조카입니다. 하지만 나폴레옹 3세는 역사가들 사이에서 그리 좋은 평가를 받지 못한 인물입니다. 메이지 3년(1870년)에 프로이센과 전쟁을 시작했으나 패하면서 포로가 되어 버렸고, 이후에는 어쩔 수 없이 영국으로 건너가 그곳에서 숨을 거두는 등 다소 다소 안타까운 말년을 보냈기 때문입니다.

그런데 최근에 나폴레옹 3세에 대한 평가가 극적으로 달라졌습니다. 바로 경제 정책 덕분입니다. 나폴레옹 3세의 제2제정은 '경제성장을 본격적으로 의식하고 종합적인 정책을 마련할 수 있었던 최초의 정부'라고 역사에 기록되어 있습니다. 이를 '국가 개입주의'라고 합니다.

현재 우리는 정부가 경제 정책과 경기 대책을 세우는 것을 당연하다고 생각하지만, 나폴레옹 3세가 다스리던 시대에서는 전혀 당연한 일이 아니었습니다. 나폴레옹 3세가 펼친 경제 정책은 파격적이었으나 대성공을 거두었습니다. 나폴레옹 3세 시대 전반에 프랑스는 유럽에서 최고의 경제 성장률을 기록했습니다.

그렇다면 나폴레옹 3세가 펼친 경제 정책은 무엇일까요? 프랑스 문학자 가시마 시게루鹿島茂氏의 《시부사와 에이이치 - 주판편》(문예춘추)에 그 내용이 소개되어 있습니다.

① 토지와 건물 등 부동산이 아니라 기업의 장래성을 보고 투자하는 벤처 금융의 설립.
② 생산과 소비를 쉽게 연결하는 유통망을 정비하고자 철도망 완성.
③ 새로운 산업을 담당할 기업가나 기술자 양성. 그리고 기업가나 기술자를 받아들일 수 있는 방향으로 국민 의식 계몽.

조금 풀어서 설명하면 다음과 같습니다.

- 돈이 돌아가게 하는 시스템 - 돈이 필요한 사람이나 기업에 돈이 돌아가지 않으면 경제가 성장하지 않는다. 따라서 돈이 돌아가는 시스템부터 만든다.
- 물건과 사람이 돌아가게 하는 시스템 - 물건이나 사람이 필요한 곳에 제대로 돌지 않으면 경제가 성장할 수 없다. 따라서 물건과 사람이 돌아갈 수 있는 인프라를 정비한다.
- 돈과 물건, 사람을 맡을 수 있는 인재 - 아무리 돈이나 물건 혹은 사람이 제대로 돌아가는 구조를 만들어도, 돈이나 물건 혹은 사람을 실제로 맡을 수 있는 인재가 없다면 구조는 돌아가지 않는다. 따라서 관련 인재를 키운다.

한 번은 이런 내용으로 강연을 한 적이 있습니다. 강연이 끝나고 시부사와 사료관의 이노우에 준 관장으로부터 이런 이야기를 들었습니다.

"모리야 씨, 강의 때 말씀하신 내용 말입니다, 시부사와 에이이치가 이미 일본에서 주로 했던 활동과 비슷해요."

시부사와는 일본에서 다양한 일에 손을 댔지만, 특히 실업계와 관련해서는 크게 세 가지 일을 해냈습니다.

- 금융 정비 - (은행) 제일국립은행, 일본흥업은행, 제20국립은행, 제77국립은행, (보험)도쿄해상보험, (증권거래)도쿄주식거래소 등
- 인프라 정비 - (교통) 일본철도, 게이한 전철, 일본우선, (에너지) 도쿄 기와사, 도쿄 전등, (자재) 아사노시멘트, 일본벽돌제조, (정보)초지회사 등
- 인재 육성 - 도쿄상업학교, 이송학사, 와세다대학, 도쿄여학관, 일본여자대학교 등

시부사와는 500개 가까운 회사 일에 관여했으나 대부분은 금융 회사였습니다. 범위를 더 넓힌다면 대부분 인프라 회사였습니다. 그렇기 때문에 이 중에서 약 180개 정도의 회사가 2020년 현재에도 형태를 바꿔 가면서 존재하고 있습니다.

시부사와는 '종이가 정보의 인프라'임을 간파했습니다. 당시

로서는 획기적인 생각이었습니다. 프랑스 파리에 머물던 시절, 시부사와는 전날의 사건이 곧바로 신문에 실리는 것을 보며 종이 매체의 위력을 깨달았습니다. 이후에 시부사와가 종이를 만드는 초지 회사(오지 제지)를 설립해 오랫동안 이끌었던 이유입니다.

또한 경제성장을 이루려면 두 가지 강력한 도구가 필요했는데, 바로 '근대식 주식회사'와 '근대식 은행'이었습니다. 신기하게도 나폴레옹 3세의 제2제정과 거의 같은 시기에 프랑스가 근대식 주식회사와 근대식 은행을 갖추게 된 것입니다. 특히 이 중에서도 '근대식 은행'이 시부사와의 《논어와 주판》에서 비중 있게 다루어집니다.

근대식 주식회사와 근대식 은행

먼저, '근대식 주식회사'를 살펴봅니다.

지금은 '주식회사'라고 하면 다음 세 가지 조건을 갖춘 회사를 떠올립니다.

- 법인 - 개인과 마찬가지로 법인조직이 사업이나 계약을 할 수 있는 권리
- 주식 발행 - 투자자가 사고팔 수 있는 일정 수의 주식 발행

• 유한 책임 - 투자한 금액만큼만 책임지는 구조

지금이야 이러한 형태의 주식회사는 당연한 것이라고 생각하지만, 예전에는 그렇지 않았습니다. 우리가 알고 있는 이러한 근대식 주식회사가 완성된 것이 19세기 중반의 영국이었습니다. 나폴레옹 3세가 프랑스를 다스리던 시기와 겹칩니다.

그전까지는 회사를 설립하려면 국가로부터 특별 허가를 받아야 했으나 근대식 주식회사가 생기면서 일정 요건만 충족하면 회사를 자유롭게 설립할 수 있게 되었습니다. 다시 말해서 국가의 보호를 받지 않는 대신, 자유롭게 설립하고 상업 활동을 할 수 있는 회사가 탄생한 것입니다. 이 같은 근대식 주식회사가 다른 유럽 국가들로 퍼져 나갔습니다.

근대식 주식회사는 사람들의 '욕망'을 불태우는 그릇이라고 할 수 있습니다. 한편, 근대식 은행은 사회의 '신용'을 불태우는 그릇이 됩니다. 근대식 은행도 근대식 주식회사와 거의 같은 시기에 생겨났습니다.

역사적으로 보면 전 세계에서 많았던 존재가 고리대금업자였습니다. 이들의 역할은 '돈 마련'이었습니다. 즉, 돈이 부족해 어려움을 겪는 사람들에게 이자를 붙여 돈을 빌려 주는 것이 고리대금업자였습니다. 하지만 고리대금업자의 이미지는 매우 안 좋았습니다. 이탈리아에서는 소설《베니스의 상인》에서 묘사된 것처럼 '빚을 갚지 못하면 네 살을 베어 가겠다'라는 말을 하는 냉혹한 인간으로 그려졌습니다. 러시아 소설 《죄와 벌》에서도 학생에게 무참히 살해될 정도로 악덕한 이미지로 나왔습니다. 일본에서도 사극을 보면 "빚을 못 갚았으니 이 정도는 괜찮지 않아?"라고 하면서 점잖은 얼굴로 젊은 여성에게 몹쓸 짓을 하는 음흉한 할아버지로 등장합니다. 이처럼 어느 나라에서든 고리대금업자는 그리 좋은 이미지가 아닙니다.

반면에 근대식 은행은 고리대금업자가 하는 일과 비슷하게 보여도 실제로 사용하는 방식은 완전히 다릅니다. 근대식 은행의 역할은 신용조달입니다. 즉, 은행은 일반 사람들에게 '저희를 믿고 돈을 맡겨주십시오. 저희가 그 돈을 믿을 수 있는 회사나 산업에 투자하겠습니다. 그 회사나 산업이 이렇게 투자받은 돈을 기반으로 이익을 내면 저희가 그 수익을 이자라는 형태로 돌려드리겠습니다'라고 약속합니다. 이처럼 신용을 매개로 해서 돈이 돌아가게 한 다음에 산업을 발전시키는 것이 근대식 은행이 하는 일입니다.

그렇기 때문에 고리대금업자는 이미지가 나빠도 은행원이나 은행가는 '대단한 일을 하는 사람'으로 비춰져 이미지가 좋습니다. 고리대금업자와 은행원·은행가가 하는 일이 근본적으로 다르기 때문입니다.

주식 발행을 통해 자금조달을 하는 투자 은행이 최초로 생긴

나라는 벨기에였습니다. 1852년에는 프랑스에서도 페레르 형제 Frères Pereire가 소시에테 제네랄 드 크레디 모빌리에Société générale de crédit mobilier를 설립했습니다. 1852년은 나폴레옹 3세가 황제가 된 해이기도 했습니다.

이 당시에 가장 근대적인 도구라고 할 수 있는 '주식회사'와 '은행'이 생겨나면서 나폴레옹 3세의 경제 정책이 처음으로 실현되었습니다.

그리고 마침 타이밍 좋게도 시부사와가 나폴레옹 3세의 경제 정책이 꽃핀 파리를 견학하면서 프랑스의 선진적인 방식을 배운 것이었습니다. 확실히 시부사와는 '시대를 잘 타고난 인물'이었습니다.

신용으로 움직이는 경제

앞서 소개한 대로 프랑스 제2제정의 경제정책을 이루는 세 가지 핵심은 '금융 정비', '인프라 정비', '인재 육성'입니다. 이 가운데에서 나폴레옹 3세가 가장 중시했던 것이 금융이었습니다.

나폴레옹 3세의 대통령 선거 선언문에 나온 내용을 살펴봅니다.

「명분을 갖춘 탄탄한 정부는 정신 속에도, 사물 속에도 질서를 확립해야 한다. (중략) 질서 확립이란 무엇인가? '신용'을 다시 가져오는 일이다. 갖고 있는 수단이 일시적으로 부족하면 신용 대출로 부족한 부분을 메우는 것이다. 즉, 금융을 재건하는 것이다.」*

혼히 돈은 '경제의 혈액'이라고 합니다. 하지만 '돈'이라는 혈액이 온몸을 흐르려면 혈관을 만들어야 한다는 생각이 나온 것입니다. 돈을 움직이는 힘이라고 할 수 있는 심장 부분이 바로 '신용'이었습니다.

시부사와도 같은 생각이었습니다. 시부사와가 일본에서 제일국립은행의 책임자 자리부터 맡아 '신용'을 통해 돈을 모아 필요한 산업에 투자하려고 했던 이유입니다. 이 내용이 잘 나와 있는 것이 〈제일국립은행 주주 모집 포고〉입니다.

「원래 은행은 큰 강과 같다. 은행이 도움을 줄 수 있는 부분은 무궁무진하다. 그러나 아직 은행에 모이지 않은 우리의 돈은 도랑에 고여 있는 물이나 아직 떨어지지 않은 물방울과 다를 바가

---

* 　가시마 시게루, 《수수께끼 같은 황제 나폴레옹 3세, 제2제정의 역사怪帝 ナポレオン三世 第二帝政全史》

없다. 돈은 부유한 상인이나 부유한 농민의 곳간 속에 숨겨져 있기도 하고, 일용직 인부나 할머니의 주머니 안에 그대로 들어 있기도 하다. 이렇게 해서는 돈이 사람을 돕고 나라를 부강하게 만드는 역할을 제대로 할 수 없다. 아무리 물이 강하게 흐르는 힘이 있어도 둑이나 언덕에 고여 있기만 하면 조금도 앞으로 나아갈 수가 없다. 따라서 은행을 세워 물길을 적극 열어주면 곳간이나 주머니에 있던 돈이 은행으로 모이면 많은 돈이 된다. 이렇게 돈이 많아지면 무역도 번창하고 생산되는 물건도 늘어나고 공업과 학문도 발달하고 도로도 개량된다. 이렇게 해서 나라 전체가 새로 태어난 것처럼 달라진다.」*

여기에서 중심을 담당하는 것이 '신용'입니다. 시부사와가 무엇보다도 신용을 중시한 이유입니다. 《논어와 주판》에도 그 내용이 나와 있습니다.

상도덕의 핵심인 신용은 국가와 세계에 직접적으로 큰 영향을 미칠 정도로 위력이 강하다. 따라서 신용의 힘을 널리 알려야 한다. 일본의 상업에 종사하는 모든 사람에게도 신용이야말로 모든 일의 근원이다. 신용만 있으면 모든 일을 해나갈 수 있는 힘이 생

---

* 시부사와 히데오, 《시부사와 에이이치》

긴다. 이를 이해할 수 있게 해야 한다. 그리고 경제계의 기반을 다져나가야 한다. 가장 시급히 해야 할 일들이다.

-《논어와 주판》, '경영과 무사도'-

그런데 시부사와는 영국의 상업회의소 회원으로부터 '일본인 상인은 신용할 수 없다'라는 지적을 받은 것입니다. 이후에 당연히 시부사와는 일본인 상인에 대한 신용을 회복시켜야 한다는 생각에 필사적으로 노력합니다.

에도 시대의 상도덕

그렇다면 일본 에도 시대의 상도덕은 어떠했을까요?

- 오미 상인의 기본 이념인 '산포요시三方よし' - 파는 사람, 사는 사람, 나아가 세상에 모두 좋은 거래가 되어야 한다는 상업철학
- 석문심학石門心学 - 사상가 이시다 바이간石田梅岩이 널리 알린 상도덕
- 상인 가문의 가훈 - 신용을 바탕으로 장기적으로 장사를 발전시켜야 한다는 내용을 담은 주장이 대부분

이렇게 요약할 수 있습니다. 즉, 에도 시대는 '신용'의 중요성을 강조한 상도덕이 몇 가지 알려진 시대였습니다. 그런데 이런 에도 시대의 상도덕이 어떻게 되어 버린 것일까요?

사실, '에도 시대는 상도덕'은 조금 미화된 부분도 있다는 반론도 있습니다. 경제학자이자 역사학자인 다케다 하루토武田晴人는 다음과 같은 지적을 하고 있습니다.

「근세기에 성장한 상인들은 오미·이세 등의 출신이 많았지만, 뒤에서는 '오미 도둑, 이세 거지'라고 불리며 경멸의 대상이 되었다. '천하의 부엌'이라 불린 오사카에서 온 상인들은 에도 토박이들에게 지방에서 온 촌스러운 이미지로 비웃음의 대상이 되었다고 한다. (중략) 민속학자 미야모토 쓰네이치宮本常一는 예전부터 '여행지에는 아는 사람이 없기 때문에 창피를 당해도 그 자리에서만 끝난다', '상인과 병풍은 굽히지 않으면 세상에 설 수가 없다'라는 표현이 있다면서 장사를 정직하게 하면 상인으로서 성공하지 못한다는 의미라고 지적했다.*」

하지만 결국에는 예나 지금이나 고객과의 거래가 오래가려면

---

*   다케다 하루토, 《일본인의 경제관념日本人の経済観念》

'신용'이 무엇보다도 중요합니다. 이에 따라 신용의 중요성을 강조한 교훈, 도덕, 혹은 철학도 발전해 갑니다.

그런데 관광지의 '바가지요금'처럼 손님에게 폭리를 취하다가 들켜도 적당히 피하면 괜찮다는 환경이 만들어지면 바가지 장사를 하는 상인이 많아집니다.

신용을 중시하는 장사를 하느냐, 아니면 바가지 장사를 하느냐. 둘 중에서 어느 쪽이 우세해지느냐는 장사의 성격, 주변 환경, 지역이나 시대의 특징에 따라 달라집니다. 그런데 시부사와의 눈에 비쳤던 전통적인 일본인 상인들은 바가지 장사꾼에 속했습니다.

야마토 정신과 무사도를 자랑으로 여기는 우리 일본의 상공업자들에게 상도덕이 부족하다니 매우 슬픈 일이다. 그 원인은 무엇일까 찾아보니 오래전부터 이어져 온 교육의 폐해 때문이 아닐까 한다. (중략) 피지배층인 일반 민중은 윗선에서 내려오는 명령이나 순순히 따르고 마을 안에서 맡은 일만 잘 하고 공공 행사에만 잘 참여하면 그만이라는 안이한 근성에 젖어버렸다.

즉, 사회의 기본적 도덕 등은 지배 계층이 익히면 되고 농부는 정부에게 받은 논밭을 잘 가는 일을 하면 되고 상인은 주판알을 잘 튕기는 일을 하면 모든 일이 순조롭다는 생각이 만연하게 되었다. 나라를 사랑하는 마음이나 도덕을 중시하는 마음은 어디론가 사라져 버린 것이다.

'생선 가게에 있는 사람은 비린내에 익숙해진 나머지 자신의 몸에서 얼마나 냄새가 나는지 모른다'라는 속담이 있다. 마찬가지로 수백 년 동안 악습에 물든 사람은 구린내를 맡지 못하게 된다. 물론 이런 사람을 변화시켜 스스로 성장하게 해 도덕적인 길을 가는 훌륭한 인간으로 만드는 것은 쉬운 일이 아니다. 더구나 서구에서 새로운 문명이 들어와 일본 상공업자들의 해이해진 도덕관념의 틈을 파고들었다. 그 결과, 모두 자신의 이익만 추구하는 공리주의를 주장하며 분위기가 더 안 좋게 흘러가게 되었다.

-《논어와 주판》, '경영과 무사도'-

시부사와가 자란 지아라이지마무라 근처에는 나카센도의 역참이던 후카야슈쿠가 있었고 오미의 상인도 활동하고 있었습니다. 그러나 시부사와는 이들을 언급한 적이 없습니다. 그만큼 오미의 상인들은 상도덕에서 특별히 모범을 보여주지는 않았던 것입니다.

근대화와 함께 이익을 추구하는 사고방식이나 기술이 들어오면서 가뜩이나 도덕이나 공익에 관심이 별로 없던 상인들이 점점 더 개인의 이익만 추구하게 되었습니다. 시부사와는 이렇게 보고 있었던 것입니다.

서구에서도 윤리학이 성행하고 있다. 인격을 갈고 닦아야 한다는 목소리도 높아지고 있다. 그러나 그 출발점이 종교에 있다 보니 일본인의 정서와는 맞지 않는 편이다. 이에 비해 가장 환영받고 큰 영향력을 발휘한 것은 이익을 높이고 산업을 일으키는 데 즉각 도움이 되는 과학 지식, 즉, 공리학설이다. 부귀는 인류의 성욕이라고 불린다. 하지만 처음부터 도덕이나 사회정의와 같은 사고방식이 부족한 사람에게 공리학설을 가르치면 마른 장작에 기름을 붓는 것과 마찬가지이니 결과는 뻔하다.

-《논어와 주판》, '경영과 무사도'-

시부사와가 지적한 대로 도덕이 사라지고 자기 이익만 추구하는 사회가 되면 크게 다음 세 가지의 문제가 나타납니다.

- 계속되는 장사 실패
- 좋지 않은 장사 결과
- 상인의 지위 향상 불가능

그렇기에 '신용'의 기초가 되는 도덕은 꼭 필요했습니다. 이에 시부사와는 '논어와 주판'을 비롯해 도덕을 중시하는 모토를 공개적으로 강조했던 것입니다.

이에 대해 시부사와의 생각을 좀 더 깊이 파고들어 봅시다.

'믿을 수 있다'는 평판의 버팀목

우선, 시부사와가 그려간 '신용으로 움직이는 경제'란 사회를 계속 발전시켜 나가는 장치와 같습니다. 지속성이 없으면 의미가 없다는 점에서 그렇습니다.

사업을 어떻게 생각하면 좋을까? 물론 사업이란 장사나 공장에서 이루어지는 생산 활동을 통해 이윤을 높이는 것이다. 따라서 상공업은 물질적인 풍요를 이루어주지 못하면 별로 의미가 없어진다.

하지만 아무리 그렇다고 해도 경제활동에서 개인 이익만 중시하고 다른 것은 어떻게 되든 상관없다고 생각한다면 어떻게 될까? 어려운 이야기를 하는 것 같지만, 모두가 자신의 이익만 생각하는 모습에 사상가 맹자는 '어찌 이익만을 말하는가. 사회에 도움이 되는 도덕이야말로 중요하다'고 생각해 이런 말을 했습니다. "위에 있는 사람도, 아래에 있는 사람도 모두 자기 이익만 추구하면 나라가 위태로워진다", "만약 모두를 위한 이익이 아니라 나 혼자만의 이익만 생각하면 남에게서 원하는 것을 빼앗아야 만족하게 된다." 맹자의 말처럼 도덕이 없으면 실제로 이런 상태가 된다. 따라서 사회에 도움이 되는 도덕이라는 기초가 없으면 진정한 경제활동을 절대로 오랫동안 해나갈 수 없다고 생각한다.

-《논어와 주판》, '인의仁義와 부귀'-

또한 장사의 범위를 넓히기 위해서도 '신용'은 꼭 필요했습니다. 앞서 영국의 상업 회의소 회원이 털어놓은 불만에서도 분명히 알 수 있었지만 해외와 거래를 하려면 신용은 정말로 중요했습니다.

유럽의 상공업자는 서로 개인적으로 한 약속을 존중한다. 그리고 손해나 이익과 관계없이 한 번 약속한 것은 반드시 실천에 옮기며 지킨다. 유럽의 상공업자가 보여주는 이같은 도덕심은 '정의'와 '정직함'이라는 사고방식에서 나온 것이다.

그런데 일본의 상공업자들은 아직도 예전의 나쁜 습관을 버리지 못해 상도덕을 무시하고 눈앞의 이익에만 연연한다. 이래서는 곤란하다. 서구의 상인들은 일본의 상인들이 지닌 이러한 결점을 늘 비판하면서 무역을 할 때 일본의 상인들이 완전히 신용하지 않으려고 한다. 이렇게 되면 우리 일본의 상공업자들은 큰 손해를 보게 된다.

-《논어와 주판》, '경영과 무사도'-

'신용'을 좀 더 깊이 생각해 봅시다. 개인, 회사, 나라가 각각 '신용할 수 있다'는 평가나 평판을 얻어야 비로소 장사의 범위를 확대할 수 있습니다.

인재육성을 위해서

'장사꾼은 신용할 수 없다', '장사꾼은 천박하다'는 이미지가 있다면 제대로 된 인재가 실업계에 발을 들이는 일은 없을 것입니다. 이렇게 되면 경제성장에 필요한 '인재육성'도 실현하기 어렵습니다.

이를 상징적으로 잘 보여주는 이야기를 앞서 소개한 적이 있습니다. 시부사와가 젊은 시절에 실업계에 진출하려고 하자 천박한 돈에 눈이 멀었다며 동료가 말렸던 에피소드입니다.

하지만 시부사와는 실업이 있어야 국가가 근대화되어 발전하고 국민도 행복할 수 있다고 믿었습니다. 이런 시부사와였기에 실업과 장사의 지위와 평판을 반드시 끌어올리고 싶어 했습니다.

현대사회에서는 비즈니스 분야에 몸담고 있는 사람을 가리켜 천박하다거나 교양이 없다고 생각하지 않습니다. 요즘이야 실업계 분야의 인물이 오피니언 리더로 매스컴에 나오는 것을 당연하게 생각하지만, 메이지 시대까지만 해도 장사하는 사람의 이미지는 이와는 정반대였습니다. 시부사와 에이이치와 미쓰이물산의 창업주 마스다 다카시는 당시만 해도 '장사에 학문은 필요없다. 학문을 익히면 오히려 해롭다'*라는 말을 듣던 시대를 살았습니다.

"그 당시의 상인들은 학문도 몰랐고 사무라이와는 전혀 다른 종류의 인간이었다'**고 시부사와는 회상했습니다. 실제로 메이지 시대에 상인은 학문도 모르고 교양도 없었습니다. 여기에 급격한 근대화의 영향으로 상인들은 '사기를 상업의 본질로 생각한다'며 오해를 받기도 했습니다.

시부사와는 이러한 문제를 개선하기 위해 만년에《논어와 주판》, '도덕경제합일설道德経済合一説'을 열심히 알려야 했습니다. 또한 시부사와는 도덕의 발전을 고민하는 '귀일 협회帰一協会', 노동자에게 수양 교육을 실시하는 '협조회協調会', '수양단修養団'등의 활동을 계속 했고 제2장에서 언급한 것처럼 히토쓰바시대학을 계속 돌봤습니다.

현재 비즈니스 업계에 있는 사람들은 시부사와 혹은 시부사와의 동료 기업가들이 피나는 노력으로 끌어올린 비즈니스의 이미지 덕을 단단히 보고 있는 셈입니다.

그런데 이번 제4장에서는 시부사와가 모델로 삼은 프랑스 경제 정책이 추구하던 본연의 자세에서 영감을 받아 '논어와 주판'

---

*   시부사와 에이이치, 《논어와 주판》, '처세와 신념'
**   마스다 다카시, 《자서전 - 노인이 된 마스다 다카시가 들려주는 이야기》

을 주장하게 된 배경을 살펴봤습니다.

시부사와는 '근대 일본의 제도 설계자·운영자'답게 파리에서 배운 금융이나 실업 시스템을 일본에 도입했습니다. 그런데 금융이나 실업 시스템은 원래 '신용'이라는 기반 위에서 계속 확대되는 구조입니다. 그런데 메이지 이후로 일본 사회가 급격하게 근대화와 국제화의 길을 가면서 '배금주의'가 생겨났고 '신용'의 가치가 무시되는 일이 많았습니다. 그렇기 때문에 시부사와는 '신용'을 키울 수 있는 상도덕을 강조해야 했습니다.

다음 제5장에서는 시부사와 특유의 아이디어가 들어있는 '합본주의'를 살펴봅니다. 시부사와가 목표로 한 비즈니스나 경제의 본연의 자세를 통해《논어와 주판》이 필요했던 시대적 배경을 알아봅니다.

제5장

합본주의란?

합본주의와 자본주의

시부사와는 영국 상업 회의소의 회원으로부터 일본인 상인들에 대한 불만을 듣고 두 가지 이유에서 큰 충격을 받았습니다.

첫째, 시부사와가 도입하려고 한 '신용으로 움직이는 경제'의 핵심이 '신용'인데 그 '신용'이 없다는 말을 들었기 때문입니다.

둘째, 시부사와가 목표로 한 '합본주의'라는 생각과 관련되어 있기 때문입니다.

시부사와는 자신이 목표로 한 경제 시스템을 '자본주의'라고 부른 적이 한 번도 없고 항상 '합본주의'라고 불렀습니다. 그렇다면 합본주의란 무엇일까요? 시부사와 에이이치 기념 재단 웹사이트에는 기무라 마사토가 내린 '합본주의' 정의가 이렇게 소개되어 있습니다. '공익을 추구한다는 사명이나 목적을 달성하는데 가장 적합한 인재와 자본을 모아 사업을 추진시킨다는 생각.'*

　그렇다면 합본주의는 자본주의와 어떻게 다를까요? '자본주의'의 정의에는 '시장', '노동', '투자'라는 말은 나와도 '공익'이라는 말은 일체 나오지 않습니다. 한편, '합본주의'의 첫머리에는 '공익을 추구한다는 사명이나 목적'이라고 나옵니다.

　사실, 이 '공익'이라는 키워드가 시부사와의 '논어와 주판'이라는 모토와도 많이 관계됩니다.

　《논어와 주판》에서 '논어'와 '주판'은 각각 무엇을 상징하고 있을까요? 시부사와가 외친 또 다른 모토에 해당하는 '도덕경제합일설', '의리합일義利合一'과 '의리양전義利両全', '사혼상재'를 떠올리면 다음과 같이 생각할 수 있습니다.

　우선 '주판'이 상징하는 것은 장사와 경제, 민간 비즈니스와 경제에 관계된 사상입니다. 돈과 관계된 총체(경제), 이익을 얻는 활동이나 그 성과(이익), 이익을 얻는 재주(상인의 재주). 뉘앙스에 따라 주판은 이렇게 세 가지를 가리킵니다.

　한편, 논어가 상징하는 것은 두 가지입니다.

---

*　https://www.shibusawa.or.jp 시부사와 에이이치 기념재단 웹사이트 연구센터. '합본주의'연구 프로젝트에 관해

하나는 '도덕경제합일설'이라는 말로 상징되는 도덕입니다. 시부사와는 '도덕'의 핵심이 '신용'이라고 분명하게 말했습니다.

그리고 또 하나가 '의리합일', '의리양전'이라는 모토로 상징되는 '의義'입니다.

'인의예지신仁義礼知信'이라는 말도 있듯이, '의'란 예로부터 중시된 덕목 중의 하나입니다. 이런 의미에서 '의'는 '도덕'의 일부이긴 하지만, 일부러 '의'가 강조되어다는 것에 주목할 필요가 있습니다.

마침 《논어》의 '이인里仁'편에 '의'와 '이'를 대비시킨 구절이 있습니다.

「공자가 말했다. "행동을 할 때 도리(의)를 우선시하는 것이 군자, 이익(이)을 우선시하는 것이 소인이다."」

'의'는 일반적으로 '옳음', '당연함'이라고 번역되기도 합니다. 그렇다면 '옳다/옳지 않다'의 기준은 어디에 있을까요? '의'와 대립 개념인 '이익'은 자신만의 이익, 즉, '사익'을 의미합니다.

그렇다면 '이익'과 반대되는 '의'란 모두의 이익, 즉, '공익'을 의미한다고 볼 수 있습니다. 실제로 시부사와는 《논어강의》 중 '이인里仁 4'에서 '군자는 의에 밝고 소인은 이익에 밝다'라는 말에 다음과 같은 해설을 붙였습니다.

나는 사업에서 이익을 우선하지 않고 '의'를 우선시 한다. 국가에 필요한 사업은 이익이 되는지 여부는 두 번째 우선순위이다. '의'로 해야 할 사업이라면 창업하고 그 주식을 가지고 있고 실제로 이익을 올리도록 해서 그 사업을 경영해 나가야 한다고 생각한다.

여기서 '의'로 해야 할 사업은 '국가에 필요한 사업'을 가리킵니다. 즉, '의'란 '바름', '정당함'이라는 의미로 사용하기도 하지만, '국가에 필요한 것=국익이나 공익을 위한 것'이라는 의미로 사용하는 경우가 많습니다. 이웃 나라 중국에서도 예전부터 '의'와 '이익'에 관한 학술적인 논의가 있기에 시부사와와 비슷한 해석이 이루어지고 있습니다.

그래서 '논어와 주판'이라는 모토는 앞 장의 이야기로 말하면 '신용을 핵심으로 하는 도덕과 비즈니스·경제(도덕을 무시하고 추진하기 쉬운 분야)'라고 부를 수도 있을 것 같습니다. 다만 이번 5장에서는 '공익과 개인의 이익'의 관계를 다루어보려고 합니다.

공익과 개인 이익의 관계

그런데 한 가지 궁금한 점이 있습니다. 시부사와가 말하는

'의'는 '공익'인데, 공익은 어느 범위를 가리키는 것일까요? 업계? 지역? 나라? 아니면 세계?

시부사와는 '공리公利'나 '공도公道' 등 '공公'이 붙는 말을 사용하고 있으나 특별히 그 범위를 따로 말한 적은 없습니다. 그래서 시부사와가 '공'이나 '의'라는 표현을 사용할 때는 그 범위는 다양하게 해석할 수 있습니다. 아마 문맥에 따라서도 의미가 달라질 수 있을 것 같습니다.

그리고 사실, 이는 '공公'이라는 한자 자체의 의미와 관련이 있습니다. 시부사와는 '공'이 지닌 원래의 뜻을 바탕으로 '공'이나 '의'라는 용어를 사용하고 있는 것은 아닐까하고 추측하고 있습니다.

'공公'이라는 한자를 나누어 보면, '八'과 'ㅿ'로 이루어져 있습니다. 'ㅿ'는 팔꿈치 부분을 구부리고 있는 모양을 나타냅니다. 여기에 '수확물'을 뜻하는 '禾'가 붙으면 일본어로 '나'를 뜻하는 '와타시私'가 됩니다. '와타시私'는 수확물을 팔로 감싸서 독점하고 있는 모습을 나타낸다고 알려져 있습니다. 즉, '나私'나 'ㅿ'는, 이익이나 수확의 독점을 뜻합니다.

한편, '八'는, 배반한다는 의미가 있습니다. 여기에 'ㅿ'를 조합하면 '공公'이 됩니다. '공公'은 '이익이나 수확의 독점에 배반한다'가 됩니다. 즉, '모두의 것으로 한다', '모두의 이익으로 한다'는 의미가 됩니다.

그렇다면 여기서 말하는 '모두'는 누구를 가리킬까요? 수확물을 감싸고 있는 것이 개인이라면, 개인을 둘러싼 주위의 가족이 '모두'가 될 것입니다. 한편, 수확물을 끌어안고 있는 것이 어떤 가족이라면, 그 가족을 둘러싼 지역사회가 '모두'가 될 것입니다. 수확물을 안고 있는 것이 지역사회라면 그 지역사회를 둘러싼 나라가 '모두'가 될 것이며, 한 나라가 수확물을 감싸안은 상태라면 그 나라를 둘러싼 주변의 세계가 '모두'가 됩니다.

이처럼 '모두'와 '나'의 관계가 상황에 따라 다른 모습을 하는 것처럼, 그 구체적인 의미도 상황에 따라 달라집니다.

제4장에서 소개한 내용이지만, 영국의 상업회의소 회원으로부터 받은 불만도 따지고 보면 이렇게 요약됩니다.

'일본의 상인은 눈앞의 이익을 위해 자기 사정에 따라 약속을 어기고 가짜 영수증을 쓰게 한다.' 확실히 일본인 상인은 자기 이익만 중요하고 국익이나 지역의 이익은 물론, 거래처 상대의 사정조차 생각하지 않았습니다. 이렇게 하면 일시적인 이익은 얻을 수 있어도 최종적으로는 장사의 기반을 무너뜨리게 됩니다.

덧붙여서 제4장에서 다룬 '신용'과 여기서 다루는 '공익과 개인의 이익'의 관계는 다음과 같다고 생각합니다.

우선, 사람이나 조직은 이익을 공유하는 범위 안에서는 '신용'을 얻을 수 있습니다. 그러나 그 이상 넓은 범위에서 '신용'을 모을 수 있느냐는 어떻게 행동하느냐에 달렸습니다.

예를 들어 영국 상인으로부터 신용할 수 없다는 말을 들은 일본의 장사꾼들이라고 해도 영국 상인들을 상대로 고수익을 올리고 있다면 주주나 출자자들로부터는 절대적인 신뢰를 받았을 수도 있습니다. 대신, 이렇게 되면 국제 무역에서는 일본의 상인들은 신용할 수 없는 거래처라는 이미지가 되기에 일본 전체의 신용을 망가뜨리게 됩니다.

도덕과 비즈니스가 함께 가는 구조

시부사와는 자신의 이익만 생각하는 폐해를 지적하기 위해 '나'라는 개념을 통해 이런 글을 남겼습니다.

나의 이익만 생각한다고 해보자. 예를 들어 기차역 개찰구의 통로가 좁은데, 모두 자기부터 지나가겠다며 몰려들면 아무도 지나갈 수 없게 되어 오히려 모두가 곤란해진다. 이처럼 일상에서 생각할 수 있는 사례만 놓고 보아도 나만 좋으면 된다는 이기적인 생각을 하면 결국 나 자신도 이익을 보지 못한다.

-《논어와 주판》, '인의와 부귀'-

물론 인간은 욕망이 있어야 행동할 수 있는 생물이기에 자신의 이익을 추구하는 것은 지극히 자연스러운 모습입니다. 그렇기 때문에 《논어와 주판》이 상징하는 '공익과 사익'을 적절히 균형 있게 추구해야 합니다.

자신의 이익만을 위해 일하면 세상 사람들로부터 원한을 산다. 그렇다고 해서 다른 사람의 이익만을 위해 일하는 것도 종교인이 아닌 보통 사람들에게는 어렵다.

-《논어강의》, '이인里仁편'-

내가 항상 바라는 것이 있다. 사람들이 '일을 진전시키고 싶다', '사물의 풍요로움을 실현하고 싶다'는 욕망을 마음에 계속 품으면서 그 욕망을 실천에 옮길 때 도리를 가져 주었으면 하는 것이다. 도리를 지킨다는 것은 사회의 기본적인 도덕을 균형 있게 지켜나가는 일이다. 도리와 욕망이 함께 하지 않으면 앞에서도 소개한 것처럼 점차 가라앉는 중국처럼 된다. 또한 아무리 그럴듯한 욕망이라도 도리를 저버리면 언제나 남에게서 원하는 것을 빼앗아야 만족을 할 수 있는 불행한 길을 걷게 된다.

-《논어와 주판》, '인의와 부귀'-

'도덕과 비즈니스'도 그렇고, '공익과 개인 이익'도 그렇고, 서로 대비되지만 보완관계에 있는 두 개념을 묶은 것입니다. 이 두 개념을 균형 있게 잘 다루어야 한다는 원리는 시부사와의 행동이나 《논어와 주판》이라는 사상을 읽어낼 때 도움이 되는 하나의 열쇠가 됩니다.

공익을 추구하는 회사가 되게 하려면

시부사와의 '합본주의'에서 또 하나 드는 의문점이 있습니다.

원래 장사란 모름지기 이익을 내고 싶다는 동기에서 출발합니다. 공익을 추구하고 싶다면 공무원이 되거나 지금의 비정부기구(NGO)나 비영리조직(NPO)에서 활동해 사회공헌을 하면 됩니다.

그렇다면, 회사는 이윤 추구가 기본일 텐데, 이런 회사가 '공익 추구'라는 목적을 갖게 하려면 어떻게 해야 할까요?

우선, 경영자나 노동자들에게 높은 도덕심을 심어주는 것입니다. '사회공헌 없이는 이익도 얻을 수 없다'라는 의식을 철저히 갖게 하는 것입니다. 이러한 이유로 시부사와는 특히 경영자나 부유한 사람들을 향해 다음의 내용을 강조했습니다.

아무리 자신이 어렵게 일군 부라고 해도 그 부가 자기 혼자 이룬 것이라고 생각해서는 안 된다. 요컨대 사람은 혼자의 힘으로는 아무것도 할 수 없는 존재다. 국가와 사회의 도움이 있어야 비로소 이익을 얻고 안전하게 살아갈 수 있다. 만약 국가와 사회가 없다면 그 누구도 이 세상을 만족스럽게 살아갈 수는 없다. 이렇게 생각하면 부를 얻을수록 그만큼 사회의 도움을 받았다는 뜻이 된다.

그러니 사회에 이 은혜를 갚으려면 가난한 사람을 구제하는 사업에 나서는 것이 당연한 의무가 된다. 최선을 다해 사회를 돕는 방향으로 나아가야 한다.

-《논어와 주판》, '인의와 부귀'-

그러나 유감스럽게도 어느 시대든 윤리관이 있는 훌륭한 경영자는 많지는 않습니다. 겉으로는 사회공헌을 하겠다고 하면서 속으로는 정반대의 생각을 하는 경영자들도 많습니다. 시부사와가 지적한 것처럼, 기본적으로 부귀의 추구는 '인류의 성욕'이라 불리기 때문에 개개인의 노력에 기대는 것에는 분명히 한계가 있습니다.

이러한 한계를 알고 있던 시부사와였기에 기업이나 경영자가 '공익'을 추구해야 이익을 얻는 시스템을 만들려고 했습니다.

앞서 제4장에서 나폴레옹 3세든 시부사와든 혈액과 같은 돈이 은행과 같은 금융기관으로 흘러오게 하려고 했다는 이야기를 했습니다. 또한 '합본주의'의 '인재와 자본을 모아'에서 '자본'에는 당연히 금융기관에게 받는 투자나 차입금 등이 포함됩니다.

만약 금융기관이 보다 많은 국민으로부터 예금과 저금을 모은 후에 이 돈을 회사에 투자했다면 '투자가=대부분의 국민'이라는 도식을 만들 수 있습니다. 당시에는 회사는 주주나 투자자의 것이라는 인식이 그 어느 때보다 강했습니다. 제2장에서 언급했습니다만, 이러한 이유로 시부사와는 개인적으로 아끼던 초지 회사를 미쓰이의 지시로 인수하러 온 후지야마 레이타에게 군말없이 내주었던 것입니다.

제4장에서 소개했지만, 〈제일국립은행 주주 모집 포고〉에는 이런 구절이 있었습니다.

「은행에 모이지 않은 우리의 돈은 도랑에 고여 있는 물이나 아직 떨어지지 않은 물방울과 다를 바가 없다. 돈은 부유한 상인이나 부유한 농민의 곳간 속에 숨겨져 있기도 하고, 일용직 인부나 할머니의 주머니 안에 그대로 들어 있기도 하다.」

이 중 부유한 상인과 농부의 돈을 모은다는 것은 흔히 있는 이야기입니다. 본고장 유럽에서도 초기 회사는 귀족 등 부자들이 낸 돈으로 세운 경우가 대부분이었기 때문입니다. 도쿄 해상 보험도 화족들로부터 출자를 받아 세운 것입니다.

그런데 왜 굳이 일용직 인부나 할머니 품속에 숨어 있는 얼마 안 되는 돈까지 모으려고 했을까요? 당시의 일본은 가난했기 때문입니다. 따라서 일용직 인부나 할머니의 품 안에서 잠자고 있던 돈까지 모아야 일찌감치 실업을 육성시킬 수 있는 시대였습니다.

이유는 또 있습니다. 국민 대부분이 금융기관에 돈을 맡기고 그 돈이 회사에 대한 투자나 차입금으로 돌아간다면 은행과 회사는 보다 많은 국민을 위해 경영할 수밖에 없게 됩니다. 왜냐하면 '은행이나 회사의 소유자=투자자나 주주=대부분의 국민'이라는 도식이 생기기 때문입니다.

은행 등 금융기관의 '신용'을 매개로 돈의 흐름을 잘 사용하면 은행 자체나 은행과 거래하는 회사도 '대부분의 국민'을 위해, 즉 '공익'을 위해 경영을 할 수밖에 없는 시스템이 만들어지는 것입니다.

전쟁 이후 일본경제와 '합본주의'

사실, 전쟁이 끝나고 버블 경기까지 일본은 이에 가까운 경제 시스템으로 돌아갔습니다.

전쟁이 끝나고 어느 시기까지 일본은 저축률이 매우 높았고 금융기관은 이 막대한 예금과 저금으로 쌓인 돈을 회사에 투자하거나 빌려주었습니다. '부채·거버넌스'라는 말이 있는데, 이렇게 되면 회사는 은행의 통제를 받을 수밖에 없습니다.

실제로 한 회사가 방만한 경영 등의 문제를 일으키자 주거래 은행이 임원을 보내 경영을 정상화시킨 사례도 있습니다.

이러한 금융 시스템의 정점에 군림하고 있던 것이 일본흥업은행이었습니다. 일본흥업은행은 정부나 다른 금융기관과 긴밀한 관계를 맺으면서 일본의 각 산업에 필요한 자금을 공급했습니다.

그런데 이러한 시스템이 변한 것이 1980년대 후반부터 시작된 거품 경제 때문입니다. 많은 은행과 금융기관이 눈앞의 이익만을 쫓으며 도덕심을 버렸습니다. 그런데 아이러니하게도 이러한 분위기를 부추긴 원인 중의 하나가 시부사와가 일본에 도입한 '근대적 주식회사'에 있다는 지적이 있습니다.

「주식회사의 구조는 '유한책임법인'이라는 형태로 되어 있다. 유한책임법인은 장기적이고 리스크가 큰 사업을 할 때 매우 효과적으로 돌아가는 형식이다. 출자한 투자자의 책임은 유한하다. 즉, 출자한 금액이 제로가 될 위험은 있어도 마이너스가 되지는 않는다. 하지만 결과가 좋으면 출자자는 무한히 업사이드(상승여력)를 누릴 수 있다. (중략)

주식회사는 본래 위험을 선호하는 법인의 형태다. 따라서 금융기관이 스스로 주식회사라는 형태로 운영된다면 유전자 속에 위험을 감수하는 DNA가 포함되어 있다는 뜻이다. (중략) 성장을 목표로 경쟁 상대보다 더 나은 수익(초과수익)을 올리려고 하면 당연히 위험을 감수해야 한다. 경제사회에서 금융기관이 본래 해야 하는 역할, 그리고 금융기관이 비즈니스를 해야 하는 의무, 이 사이에서 잠재적인 긴장관계가 생긴다.」*

금융기관은 돈의 유통이라는 인프라를 뒷받침한다는 점에서 공기업과 비슷한 면이 있습니다. 그리고 동시에 금융기관은 더 많은 이익을 내려고 한다는 점에서 사기업과 비슷한 면도 있습니다. 전자를 '논어'의 측면, 후자를 '주판'의 측면이라고 하면, '주판'에 가까운 '유한책임'이라는 구조가 원래 포함되어 있습니다.

창업이나 비즈니스 확대 같은 목표를 위해서는 도움이 되는 방법입니다. 하지만 인프라를 지지하는 기업에게는 '신용'을 훼손하는 칼날이 되어 버립니다.

거품경기 때 유명 은행장이 위험을 두려워하지 말라고 직원들을 질타하며 이익 확대에 적극 나섰습니다. 이것이 좋은 예입니다. 그러나 버블 경기가 붕괴한 이후에 금융은 불안정해졌고 총 7조 엔 이상의 공적자금이 은행 등에 투입되어야 하는 상황이었습니다.

---

* 　도야마 가즈히코冨山和彦, 《가이샤(회사) 유신 - 변혁기 자본주의의 교과서カイシャ維新 ──変革期の資本主義の教科書》

또한 1990년대 이후로 기업의 자금 조달 방식도 달라졌습니다. 많은 상장기업이 은행 차입으로 대표되는 간접금융이 아니라 주식시장에서 자금을 조달하는 직접금융으로 옮겨간 것입니다.

이러한 시대의 변화에 따라 시부사와가 만든 합본주의 구조는 버블 경기가 붕괴했을 무렵부터 제대로 기능하지 못해 지금에 이르렀습니다.

그렇다 치더라도 왜 전후 일본에서는 '합본주의'처럼 '공익을 추구하는' 구조가 존재할 수 있었을까요?

그럴만한 환경이 만들어졌기 때문입니다.

공동 목표가 있어야 돌아가는 '합본주의'

기업이나 개인이 '공익 추구'라는 사명이나 목적을 가지려면 어떠한 상황이 되어야 할까요?

슬프게도 '전쟁'입니다. 역사적으로 이미 증명된 사실입니다. 특히 근대의 총력전에서는 적을 이긴다는 목적으로 온갖 수단이 총동원되었습니다. 기업도 예외는 아닙니다.

물론 다음은 시부사와가 미처 예상하지 못했던 이야기이지만, 쇼와 초기에 일본 전체가 전시 체제가 되면서 '합본주의'에 기반을 둔 경제 체제도 강해졌습니다.

「새로운 경제 체제를 구상한 기획원은 기업이 주주의 통제를 받기 때문에 이윤추구를 목적으로 한다고 인식했다. 이를 위해 기획원은 <새로운 경제 체제 확립 요강 원안> (1940년 9월 13일)에서 이윤추구를 우선으로 하는 자본의 지배에서 기업을 이탈시켜야 한다고 강조했다.*」

그리고 이 시기에 다져진 경제 시스템이나 회사의 역할이 전쟁 이후에도 그대로 계승되었습니다.

「현대의 일본 경제 시스템을 구성하는 주요 요소는 상당수가 1930년대부터 패전에 이르기까지 전쟁 시기에 의도적으로 만들어진 것이다. 그 이전의 일본 경제 시스템은 기본적으로 앵글로색슨형의 고전적인 시장경제 시스템이었다.」**

「1938년 '국가총동원법'이 만들어지면서 배당과 주주의 권리가 제한되면서 직원 중심의 조직으로 바뀌었다. 이에 따라 기업

---

*/** 오카자키 데쓰지岡崎哲二, 《현대일본 경제 시스템의 원류現代日本経済システムの源流》

은 직원들의 공동체 형태가 되어 갔다. (중략) 종신고용제나 연공서열 임금체계도 그 원형은 제1차 세계대전 후에 만들어졌으나 제2차 세계대전 시기에 임금 통제가 이루어지면서 전국적으로 확대되었다.」*

　전쟁 중에는 '적을 이기는 것'이 목적이었지만 전쟁 이후에는 '초토가 된 일본을 재건하는 것'과 '다시는 비극을 반복하지 않고 풍요로운 나라를 만드는 것'이 목적이 되었습니다. 이러한 목적을 위해서 회사는 생활 공동체처럼 되어야 했습니다. 그리고 생활 공동체 같은 회사가 전쟁 이후에도 계속 유지되었던 것입니다. 목적이 뚜렷했기에 금융기관도 모인 자금을 필요한 산업에 투자하기가 쉬웠습니다. 경제성장에 필요한 투자처가 명확했기 때문입니다.

　그렇습니다, '합본주의'는 모두에게 공동의 커다란 목표가 있으면 잘 돌아가는 구조로 되어 있습니다. 그런데 이 합본주의의 시작이 아이러니하게도 시부사와가 싫어했던 전쟁에서 비롯되었습니다.

　그러나 문제는 전쟁 이후였습니다. 전쟁 이후에 일본은 계속

---

*　　노구치 유키오野口悠紀雄, 《1940년 체제 - 잘 있거라 전시경제1940年体制──さらば戦時経済》

된 경제 성장으로 풍요로워지면서 경제와 관련된 목적을 달성했습니다. 이때부터 방황이 시작됩니다. 어디에 투자해야 할지 명확하지 않자 가격이 계속 오를 것이라는 기대가 있던 토지에 투자가 집중됩니다. 그 결과 땅값이 폭등했고 버블이 붕괴되면서 일본은 저성장의 늪에 빠졌습니다.

지금 우리는 사람들이 풍요롭게 행복하게 살아갈 수 있도록 경제 시스템을 시대에 맞는 형태로 새롭게 구상해야 할 시기에 놓여 있습니다. 특히 앞으로도 기업이 경제를 이끌어가는 주역이라면 어떻게 기업이나 경영자가 도덕이나 공익이라는 목적을 가지고 시스템을 움직이게 할 수 있을지 새롭게 구상해야 합니다.

'책머리'에서 소개한 것처럼, 현재 시부사와가 세계에서 주목을 받고 있는 이유입니다.

합본주의의 한계

마지막으로 시부사와는 어떻게 '합본주의'를 구상했는지, 그리고 합본주의의 문제점은 무엇인지 살펴보려고 합니다.

'합본주의'라는 발상은 어디에서 시작되었을까요? 제3장에서 소개한 시부사와 사료관의 이노우에 준 관장의 설명에 답이 있습니다.

"시부사와가 세상의 모순을 가장 제대로 느낀 것은 막번체제 사회입니다. 시부사와는 이런 생각을 했습니다. '아무리 영주에게 권력과 재물이 모여도 영주가 다스리는 영지와 여기에 사는 백성 등 세상 전체가 풍요로워지는 것은 아니다.'(중략)

이러한 사상을 출발점으로 시부사와 에이이치의 《논어와 주판》과 '합본'이라는 개념이 탄생했습니다. '합본'이라는 사고방식은 사업을 할 때 금융자본과 사람 등 모두의 힘을 모아가면 사업이 모두의 것이 된다는 의식입니다."

그렇습니다. 영주제를 뒤집는다는 발상에서 '합본주의'가 나왔습니다.

합본주의는 시부사와가 구상한 독창적인 아이디어입니다. 시부사와가 단순히 서구로부터 경제 구조를 도입하기만 한 인물이 아니라는 것을 알 수 있습니다. 뿐만 아니라 시부사와의 독창적인 아이디어에서 탄생한 구조가 전쟁 전부터 버블 경기 무렵까지 일본 경제의 기반이 되었습니다.

물론 시부사와는 '합본주의'를 이상적인 시스템이라고 주장했으나 합본주의에 들어맞지 않는다고 해서 무조건 배척하지는 않았습니다. 만약 '합본주의'만을 절대적인 기준으로 삼으면 '공익을 목적으로 하지 않는 회사는 인정하지 않는다'라는 극단적인 결론이 생깁니다. 시부사와의 글을 살펴봅니다.

실업계에 발을 들인 이후로 해마다 만나는 사람이 늘어나고 있다. 이 사람들이 내가 하는 일에서 영감을 받아 각자 자신이 잘하는 분야에서 최선을 다해 사업을 해주었으면 좋겠다. 비록 처음에는 자신의 이익을 위해 하는 사업이라고 해도 취지가 좋은 사업이라면 결과적으로 국가나 사회에 도움이 될 것이다. 그래서 나는 될 수 있으면 사업을 제대로 하려는 사람들의 의지에 공감하고 그 목적을 달성할 수 있게 돕고 싶다.

-《논어와 주판》, '상식과 습관'-

나중에 돌이켜보면 '저 사람은 나쁜 사람이었다', '사람을 잘못 봤다'와 같은 생각이 들 때도 있었다. 그러나 나쁜 사람이라고 해서 계속 나쁜 일만 하지는 않는다. 마찬가지로 착한 사람이라고 해서 계속 착한 일만 하지는 않는다. 나쁜 사람이라는 생각에 무조건 미워하지만 말고 가능하면 그 나쁜 사람도 착한 사람이 될 수 있게 인도하고 싶다. 그래서 첫눈에 나쁜 사람이라는 것을 알면서도 도와줄 때도 있다.

-《논어와 주판》, '상식과 습관'-

'처음부터 안 좋은 사람이라는 것을 알면서도 돌봐줄 때도 있다'에서 시부사와의 대범함을 엿볼 수 있습니다. 시부사와는 실업계의 기반을 단단히 만들려면 예외도 어느 정도는 필요하다고 이해하고 있었던 것입니다. 이런 의미에서 '합본주의'는 이상적이지만 처음부터 한계를 내다보고 구상된 사고방식입니다. 이 덕분에 일본은 경제 대국이 되었다고 할 수 있습니다.

사리사욕 없는 리더

물론 합본주의에는 문제도 있습니다.

'많은 인재와 자본을 모은다.' 결국 이해관계가 다른 사람들이 모이는 것이기에 당연히 의견이 대립합니다. 시부사와처럼 상황에 따라 유연하게 의견을 바꿀 수 있는 사람만 있지는 않을 것입니다. 결국 권력자에 의해서 혹은 다수결 원칙에 따라 하나로 결정될 텐데, 이런 경우에는 두고두고 화근을 남기기도 합니다.

따라서 만일 합본주의 시스템을 제대로 운영하려면 시부사와처럼 '사리사욕이 없는 리더'가 필요합니다. 즉, 누구나 '이 사람의 말이라면 납득하고 따를 수 있다'라고 인정할 수 있는 인물이 필요합니다.

하지만 이러한 인물이 없으면 문제가 생깁니다. 그러니까 마루야마 마사오丸山真男 혹은 나카네 지에中根千枝처럼 전쟁 이후의 일본을 대표하는 지식인이 지적하는 일본 조직의 '문어 항아리' 나 '종적 사회'와 같은 문제입니다.

「메이지 시대 이후 근대화가 진행되면서 봉건시대의 전통적인 길드에 해당하는 '고(講, 저축이나 돈의 융통을 위해 만들어진 상호부조 단체)', '요리아이(寄合, 같은 마을에 사는 사람들의 회의)'를 대신해 특정 기능을 하는 근대식 집단이 발달한다. 하지만 근대식 기능 집단은 회사, 관청, 교육기관, 산업조합에 관계없이 각각 하나의 폐쇄적인 문어 항아리가 되어버린다. 정도의 차이만 있을 뿐이다. 다시 말해서 거대한 조직체가 옛날의 번처럼 서로 나눠져 난립하게 되는 셈이다.」*

「X집단 안에서는 '의견 일치'가 신속하고 쉽게 이루어진다. 하지만 X집단이 다른 집단과 있을 때는 수직적인 서열이 필요하다. 이러한 수직적인 서열로 연결되어 있지 않으면 의견 일치를 보기가 매우 어려워지기 때문이다. 두 집단을 연결하는 '종적'의 선이 없다면 각 집단은 각자의 이익만 주장하게 된다. 이 상태에서는 조정이 제대로 이루어지지 않아 절충이 되지를 않는다. 또

---

*   마루야마 마사오, 《일본의 사상》 (한국어판의 제목)

한 각 집단의 대표나 리더는 객관적 입장에 서기도 어렵다. 합의를 보겠다며 아무리 작은 것이라도 소속 집단의 이익을 마음대로 양보할 수는 없기 때문이다. 구성원들의 입김에 영향을 받기 쉬운 구조이기도 하다.」*

전쟁 이전이나 이후나 저명한 경영자들은 한학자나 중국 문학자 밑에서 중국의 사상을 활발히 배우고 있었습니다. '사리사욕이 없는 리더', '이 사람의 말이라면 납득하고 따를 수 있다'처럼 주변에서 인정받는 인격이 되기 위해 나름 훈련을 하는 분위기였을 것입니다. 그러나 역시 버블 경기의 붕괴와 함께 이러한 분위기는 점차 자취를 감추었습니다.

---

* 　나카네 지에, 《일본 사회의 인간관계》 (한국어판의 제목)

제6장

왜 《논어》인가

유학자가 대중화시킨 《논어》

이번 6장에서는 '논어와 주판' 중에서도 '논어'에 초점을 맞춰 의미를 짚어나가겠습니다.

'논어와 주판'이라는 모토에서는 왜 애초에 경제나 비즈니스의 반대 개념으로 《논어》가 등장하게 되었을까요? 《불도와 주판》이나 《신도와 주판》처럼 불교나 신도와 같은 고전이나 가르침으로는 안 되었던 것일까요?

예를 들어서 서구에서는 사회학자 막스 베버의 유명한 저서 《프로테스탄티즘의 윤리와 자본주의 정신》의 제목처럼 경제나 비즈니스와 대치된 개념이 기독교입니다.

우선, 《논어》는 어떤 고전일까요? 《논어》는 에도 시대 이후로 꽤 많은 일본인들 사이에서 사랑을 받아 온 고전입니다.

실제로 에도 시대에도 《논어》가 폭넓게 읽혔습니다. 이를 잘 보여주는 것이 《논어》의 구절이 그대로 소재가 된 만담입니다. 바로 '머구간 화재 사건廐火事'이라는 유명한 작품입니다.

등장인물은 머리를 묶어주는 일(지금의 미용사에 해당하는 직업)을 하고 있는 '오사키'라는 여성과 아내 오사키의 수입에 의지해 낮부터 술만 마시는 못난 연하의 남편입니다. 연상의 아내가 연하의 남편을 먹여 살리고 있는 셈입니다. 연하의 남편은 그야말로 '나쁜 남자'에 해당합니다.

어느 날, 아내는 남편이 진짜로 자신을 사랑하는지 의심이 들었습니다. 고민하던 아내는 알고 지내던 중매쟁이를 찾아가 상담을 합니다. 그러자 중매쟁이는 《논어》의 한 구절을 인용해 지혜를 주었습니다.

'사저의 마구간에 불이 났다. 일을 마치고 퇴근하던 공자는 "다친 사람은 없었느냐"라고 물었을 뿐, 마구간의 말에 대해서는 입에 올리지 않았다.'*

---

* 　《논어》, '향당鄕黨편'

그러니까 남편이 아끼는 사기 그릇을 일부러 깨뜨려 보라는 것이었습니다. 그런 다음에 남편이 사기그릇을 걱정하는지, 아니면 아내가 다치지 않았는지를 걱정하는지 관찰해 애정을 시험해 보는 것은 어떠냐는 제안이었습니다. 공자도 깜짝 놀랄 방법이었습니다.

또한 에도 후기에 시인 시키테이 산마武亭三馬가 써서 베스트셀러가 된《공중이발소(우키요도코浮世床)》에는 '殘念閔子騫'이라는 구절이 나옵니다. '殘念'은 '아쉬움, 유감'을 의미하고 '閔子騫'은 논어에 나오는 인물인 '민자건'을 가리킵니다. '덕행은 공자의 제자 안연顔淵, 민자건'이라는《논어》의 한 구절에서 나온 것입니다.《논어》의 내용을 익살스러운 통속소설처럼 대중에게 알린 것은 시부사와가 아니라 유학자 미시마 기三島毅(호는 '츄슈中洲')였습니다. 미시마는 지금의 니쇼가쿠샤대학을 설립한 인물입니다.

미시마는 빗추마쓰야마번備中松山藩(지금의 오카야마)이 실시한 정치와 경제 개혁에서 스승이었던 야마다 호코쿠山田方谷의 오른팔로 활약했습니다. 이때에 미시마는《논어》, 유교에 못지않게 재정이나 경제도 정치에서 중요하다는 것을 깨달았습니다. 그래서 메이지 19년(1886년)에는 '의리합일론道德経済合一論'을, 메이지 41년(1908년)에는 '도덕경제합일론'을 각각 도쿄에서 강의했습니다.

시부사와는 메이지 10년(1877년) 제86국립은행(지금의 주고쿠

은행^{中国銀行})을 설립할 때 미시마를 알게 되었고 미시마의 사상으로부터 영향을 받게 됩니다. 또한 '논어와 주판'이라는 모토와 관련해서는 이후 메이지 42년(1909년)에 이런 에피소드가 있었습니다.

일흔이 된 나를 위해서 친구가 그림책 한 권을 만들어 선물했다. 그림책에는《논어》와 주판, 그리고 비단 모자와 주홍색 칼집에 들어 있는 큰 칼과 작은 칼 그림이 그려져 있었다. 어느 날, 학자이신 미시마 키^{三島毅}선생님이 우리 집에 들르셨다가 이 그림책을 보고 이렇게 말씀하셨다.

"참으로 재미있는 그림책이네. 나는 논어를 읽는 사람이고 자네는 주판을 탐구하는 사람이지. 주판을 가진 사람이《논어》를 이처럼 훌륭히 논하다니 나도 주판을 열심히 공부해야겠네. 자네와 같이 논어와 주판을 연결해 보고 싶군." 게다가 선생님은 도리와 이익은 반드시 일치한다며 여러 사례를 들어가며《논어》와 주판에 관해 본격적으로 정문의 글을 써주셨다.

-《논어와 주판》, '처세와 신념'-

그림을 그린 것은 나가오카 출신의 화가 고야마 쇼타로^{小山正太郎}였습니다. 호덴 석유^{宝田石油}의 전무이사였던 후쿠시마 가시조^{福島甲子三}가 칠순잔치 때 시부사와에게 선물한 화첩이었습니다. 표어는 유학자가 만들었기 때문에 당연히 '논어'나 '도리' 같은 표현이 나왔습니다.

시부사와는 지금까지 자신이 해온 생각과 행동이 '논어'라는 모토로 훌륭하게 표현되고 있다고 느꼈습니다. 그래서 일반 사람들에게 도덕이나 공익의 중요성을 널리 알리기 위해 논어를 활용했던 것입니다. 이런 의미에서 보면 시부사와는 행동이 먼저이고 이치나 사상은 그다음이었습니다.

게다가 '논어' 자체의 내용도 시부사와의 이념을 표현하기에 안성맞춤이었던 것입니다.

단점이 가장 적은 가르침

시부사와가 생각한 《논어》의 뛰어난 점은 이렇습니다.

제자들이 공자의 말을 기록한 《논어》라는 책이 있다. 여기에는 지금 우리가 도덕의 본보기로 삼아야 할 가장 중요한 가르침이 실려 있다.

-《논어와 주판》, '처세와 신념'-

《논어》에는 자신을 수련하고 사람과 어울리기 위해 필요한 일상의 가르침이 나와 있다. 《논어》는 단점이 가장 적은 가르침이다. 따라서 이 《논어》의 가르침에 따라 장사를 할 수는 없을까하는 생각이 들었다. 그리고 《논어》의 교훈에 따라 장사하고 경제활동을 하는 것이 가능하다고 생각했다.

-《논어와 주판》, '처세와 신념'-

나 자신을 위해서는 종교가 좋고, 종교 중에서도 기독교가 좋을지도 모르겠다. 하지만 인간이 지키는 길을 알려면 공자의 가르침이 좋다고 생각한다. 나만의 생각일 수도 있지만 공자의 가르침이 더 믿음이 가는 이유는 기적과 관련된 이야기가 하나도 나오지 않기 때문이다.

-《논어와 주판》, '주판과 권리'-

시부사와가 꼽은 《논어》의 장점은 크게 세 가지입니다. 도덕의 본보기로 삼을 수 있는 실용적인 교훈, 단점이 가장 적은 가르침, 그리고 미신 이야기가 없다는 점입니다. 단, 여기서 주목할 점이 있습니다. 시부사와는 논어를 절대적인 가르침으로 맹신하지 않고 논어 구절의 옳고 그름을 객관적으로 파악하면서 활용했다는 것입니다. 그래서 시부사와는 논어를 가리켜 '단점이 가장 적은 가르침'이라고 표현했습니다. 이에 대해서는 뒤에서 다시 자세히 설명을 해 드리겠습니다.

게다가 《논어》의 가르침은 시부사와가 목표로 한 '신용으로 움직이는 경제'나 '합본주의'에 안성맞춤이었습니다.

공자가 하려고 했던 것은?

원래 논어란 어떤 고전일까요?

《논어》는 공자가 쓴 책이라고 생각할 수 있지만, 실제로는 공자가 직접 쓴 책이 아닙니다. 공자가 세상을 떠나고 100년 정도 지나 공자의 제자와 증손자들이 공자의 가르침을 후세에 전하고자 편찬한 것이 《논어》의 초기 원형이라고 생각합니다.

참고로, 여기서 500년 정도가 더 지나야 현재 우리가 알고 있는 그 《논어》가 완성됩니다.

《논어》에 실린 내용은 지금으로부터 약 2,500년 전에 활약한 공자(본명은 공구孔丘, 자字는 중니仲尼, '공자'의 자子는 '선생'이라는 뜻)가 제자 및 주변 사람들과 나눈 대화를 기록한 것입니다.

그렇다면 스승인 공자와 3,000명이나 되었다는 제자들은 도대체 무엇을 하려고 했던 것일까요?

《논어》에 이런 문답이 나옵니다.

「맹무백孟武伯이라는 귀족이 공자에게 물었다.

"선생의 제자, 자로子路는 어진 사람입니까?"

"그건 모르겠습니다."

맹무백이 또 물으니 공자는 이렇게 대답했다.

"자로는 제후국에서 군사를 다스릴 수는 있으나 어진 사람인지는 모르겠습니다."

"그렇다면 제자 염유冉有는 어떻습니까?"

공자가 대답하기를, "염유는 큰 마을이나 명문가의 가신은 될 수 있으나 어진 사람인지는 모르겠습니다."

"그렇다면 제자 공서적公西赤은 어떻습니까?"

공자가 대답하기를 "공서적은 띠를 두르고 조정에 서서 외교 사절을 맞이할 수는 있으나 어진 사람인지는 모르겠습니다."」*

이 내용을 현대에 비유하자면 맹무백은 관공서의 인사담당자이고 공자는 사립학교의 교장선생님입니다. 어느 날 관공서 인사담당자인 맹무백이 교장인 공자에게 와서 우수한 학생들에 대해 이렇게 묻습니다.

"이 학교의 X라는 학생은 최고의 인재입니까? 최고의 인재라

---

* 《논어》, '공야장公冶長편'

면 고용하려고 합니다."

그러자 공자는 이렇게 대답합니다.

"최고의 인재인지는 모르겠지만 나름의 재능을 지니고 있습니다. 그 재능을 살려주신다면 분명 도움이 될 겁니다."

당시 공자나 제자들은 제후나 유력 귀족 집안에 취직해 정치인이나 관료로서 나라나 사읍(사적인 영지)을 일구는 일을 했습니다. 제자 중에는 장사나 농사에 손을 대는 사람도 있었지만 《논어》에서는 이러한 제자는 조금 별난 사람으로 나옵니다.

즉, 공자는 제자들을 정치 동반자로 키우려고 했습니다. 물론 공자 자신도 정치인이 되고 싶다는 열망을 품었습니다.

이런 의미에서 《논어》에 나오는 문답은 대부분 넓은 의미에서 좋은 정치에 대해서 논합니다. 또한 좋은 위정자나 지도자(군자)에 대해서 논합니다.

정치에서 가장 소중한 것

그렇다면 공자는 정치를 어떻게 생각했을까요?

「제자인 자공子貢이 정치란 무엇이냐고 물었다. 그러자 공자가 대답하기를, "식량을 충분히 확보하는 것, 군비를 튼튼히 하는 것, 그리고 백성들의 신뢰를 얻는 것, 이렇게 세 가지다."

"그렇다면 어쩔 수 없이 어느 한 가지를 버려야 한다면 이 세 가지 중에 어느 것입니까?"

"군비다."

"그렇다면 나머지 두 가지 중에서 하나를 더 버려야 한다면 어느 것입니까?"

"식량이다. 자고로 사람은 누구나 죽는다. 하지만 백성들에게 신뢰를 잃으면 정치 자체를 할 수 없다."」*

맨 마지막에 나오는 '백성들에게 신뢰를 잃으면 정치 자체를 할 수 없다'는 지금도 사용할 수 있는 유명한 문장입니다.

현대에도 마찬가지지만 권력으로 억누르는 공포정치가 아니라면 국민이나 부하로부터 신뢰받지 못하는 지도자는 나라 혹은 조직을 제대로 이끌어갈 수 없습니다. 좋은 정치에는 '신뢰'가 필수입니다.

다만 예전부터 공자의 마지막 대답에는 의문이 제기되기도 했습니다. 좋은 정치에는 '믿음'이 중요하다는 것은 알겠는데, 식량을 끊으면 사람은 죽습니다. 사람이 죽어버리면 '믿음'도 아무

---

*　《논어》, '안연顔淵편'

소용없지 않을까요?

충분히 품을 수 있는 의문입니다. 사실, 이 내용을 회사에 대입해 보면 의미를 쉽게 이해할 수 있습니다.

예를 들어 여러분이 어떤 회사의 사장이라고 해봅시다. 불황의 영향으로 회사의 자금융통이 잘 되지 않습니다. 어쩔 수 없이 여러분은 모든 사원이 모인 자리에서 이런 말을 꺼냅니다.

"죄송하지만 자금 사정이 여의치 않습니다. 그래서 앞으로 3개월간 월급 지급이 힘들 것 같습니다. 3개월 동안 견뎌주실 수 있을까요? 3개월만 참으면 이 회사는 다시 일어설 수 있습니다."

이때 직원들은 어떻게 할 것인지 이야기를 합니다. 직원들이 '월급도 못 주는 회사에 누가 있겠는가?'라고 하면서 전부 그만두면 회사는 망합니다. 하지만 직원들이 '사장의 말이라면, 믿어보고 3개월간 열심히 해 보자'라고 생각하고 남으면 회사는 다시 일어설 수 있을지도 모릅니다.

즉, 위급한 상황이면 '월급'과 '신용' 중에서 '신용'에 무게가 실려야 조직이 유지될 수 있다는 이야기입니다.

공자는 정치의 핵심에는 '신용'이 있다고 믿었습니다. 그렇기 때문에 공자는 좋은 정치가, 좋은 지도자를 목표로 하고 있던 제자들에게 신용을 받을 수 있는 인품을 기를 수 있도록 '예'나 '덕'을 가르쳤던 것입니다.

'믿음'을 강조하는 《논어》는 당연히 시부사와가 도입한 '신용

으로 돌리는 경제'와 아주 잘 통합니다. 그렇기 때문에 시부사와
는 이렇게 단언합니다.

> 논어와 주판은 일치해야 한다.
>
> -《논어와 주판》, '인의와 부귀'-

시부사와는 '논어에는 주판이 필요하다' 혹은 '주판에는 논어
가 필요하다'처럼 미온적인 말을 하지 않습니다. '논어와 주판은
일치해야 한다'고 여러 번 반복해서 단언합니다.

왜 '일치'해야 한다는 논리가 나올까요?《논어》와 '신용으로
움직이는 경제'는 공통적으로 '믿음'을 가장 중시하기 때문일지도
모르겠습니다. 물론 상업 활동이나 비즈니스에서도 '믿음'이 가
장 중요합니다.

무사의 정신과 상인의 재능

시부사와는 일본 고유의 정신으로 중국 문화를 받아들인다는
'화혼한재 和魂漢才'를 응용해 무사의 정신과 장사의 재능을 결합한
다는 '사혼상재 士魂商才'라는 모토를 사용했습니다. 시부사와는 사
혼상재를 이렇게 설명합니다.

자립해서 세상을 살아가려면 무사의 정신이 필요하다. 그러나 무사의 정신만 기르고 장사의 재능을 키우지 않으면 경제적으로 몰락한다. 그러니 '무사의 정신(사혼)'과 함께 '장사의 재능(상재)'가 있어야 한다.

무사의 정신을 기를 수 있는 책은 여러 가지가 있지만, 그중에서도 역시 《논어》가 가장 기본이라고 생각한다. 장사의 재능을 기를 수 있는 책도 역시 《논어》면 충분하다.

도덕을 다룬 책과 장사의 재능은 서로 아무 관련이 없어 보이지만, 장사의 재능도 원래는 도덕을 바탕으로 한다. 부도덕과 거짓말, 겉만 그럴듯하고 알맹이가 없는 장삿속은 진짜 장사의 재능이 아니다. 이런 것은 하찮은 재주이거나 잔머리에 불과하다. 장사의 재능과 도덕이 서로 떼려야 뗄 수 없는 관계라면 도덕을 가르치는 책인 《논어》를 통해서 장사의 재능을 기를 수 있다.

–《논어와 주판》, '처세와 신념'–

먼저, '장사의 재능도 원래는 도덕을 바탕으로 한다'라는 문장을 필자 나름대로 바꿔 본다면 '비즈니스는 신용을 바탕으로 한다', '장사의 재능은 신용으로 뒷받침된다'가 됩니다.

아무리 당장 큰돈을 벌 수 있다고 해도 신용을 잃어서 더 이상 사업을 할 수 없게 되면 장기적으로 봤을 때 이익을 얻을 수 없습니다. 더구나 신용을 바탕으로 하는 비즈니스라면 더욱 그렇습니다.

《논어》를 기반으로 하는 '무사의 혼'과 '장사의 재능'에서 공통적으로 핵심이 되는 것은 '믿음'입니다.

뿐만 아니라 '장사의 재능을 기를 수 있는 책도 역시 《논어》로 충분하다'라는 문장이 있습니다. 이와 관련해 역사적인 배경을 조금 살펴보겠습니다.

변화하는 무사도

우리가 떠올리는 '무사도武士道'의 이미지는 에도 시대에 만들어진 것입니다. 그 이전의 무사도와는 다릅니다. 시부사와는 에도 시대 이후에 만들어진 새로운 방식의 무사도를 선택했습니다.

에도 시대 중기까지 '무사의 길'이란 쉽게 설명하면 이렇습니다. '자신의 명예나 이익을 지키기 위해서라면 모략이나 거짓말을 사용해서라도 적을 이긴다. 적을 이기는 것이야말로 무사의 본분.'

무사란 전투를 하는 사람입니다. 혼란한 시대에는 무사가 깨끗함이나 청렴결백함 등을 고집하면 순식간에 살해됩니다. 적의 허를 찌르는 경우(오케하자마 전투의 덴가쿠 골짜기), 전투를 하기 전에 식량을 끊는 경우(빗추다카마쓰성 전투), 배신자를 잠재우는 경우(세키가하라 전투), 약속을 어기는 경우(오사카 여름 전투), 이 모든 경우가 무사와 관련된 이야기였습니다.

그러나 겐로쿠 시대의 5대 쇼군 쓰나요시綱吉 통치 기간에 전투자는 애물단지가 같은 존재가 됩니다. 예외적인 경우를 제외하면, 이미 백 년 가까이 평화가 지속되고 있는 상황에서 전투자라는 존재는 군이 필요 없어진 것입니다. 그렇다면 어떻게 해야 할까요? 그래서 나온 것이 '유교적 사도론儒教的 士道論'이었습니다.

요약하자면 '무사는 원래 전투자이므로 전투자라는 신분을 버릴 필요는 없다. 대신 전투자에 머물지 않고《논어》에 나오는 덕을 몸에 익힌 위정자가 되어 나라를 위하는 것이 본분이다'라는 사고방식입니다. 이러한 사고방식을 만든 인물로는 학자인 야마가 소코山鹿素行과 오규 소라이荻生徂徠가 대표적입니다. 그리고 이러한 새로운 개념을 채택하여 고위급 무사들에게 열심히《논어》 학습이나 유교 학습을 권유한 인물은 쇼군 쓰나요시입니다. 혼란한 상황에서 평화로운 상황이 되자 새로운 질서를 만들어 가야 했기 때문입니다.

그리고 세월이 흘러 메이지 시대가 됩니다. 국제연맹 사무차장 등을 지낸 니토베 이나조新渡戸稲造는 벨기에의 법학자 라블레Laveleye로부터 '종교 교육이 없는 일본에서는 어떤 식으로 도덕 교육이 이루어집니까?'라는 질문을 받지만 즉각 대답을 하지 못했습니다. 그러자 니토베가 질문에 대한 대답을 10년에 걸쳐 정리해 쓴 책이 《무사도》입니다. 《무사도》는 메이지 32년(1899년)에 미국에서 출간되었습니다.

때마침 일본은 청일전쟁에서 승리해 세계의 주목을 받고 있었습니다. 당시 '근대화는 기독교 윤리를 가진 나라에서만 가능하다'라는 생각이 있었는데 기독교 국가가 아닌 일본이 근대화에 성공했고 대국이던 청나라에 승리했던 것입니다. 이것이 어떻게 가능했을까? 이 질문에 대답하는 책이 《무사도》라고 할 수 있었습니다. 《무사도》는 영어권에 출간되었을 뿐만 아니라 독일어, 프랑스어로도 번역되어 세계적 베스트셀러가 되었습니다.

뿐만 아니라 일본은 메이지 38년(1905년) 러일전쟁에서도 승리하면서 무사도에 박차를 가했습니다. 극동의 작은 나라였던 일본이 스스로 근대화를 이루었고 당시 최강의 육군을 자랑하던 나라에 속한 러시아를 물리쳤기 때문입니다. 참고로 러시아는 일찍이 군사 천재 나폴레옹 보나파르트를 격퇴한 나라입니다.

그리고 니토베의 《무사도》에 실린 내용이 겐로쿠 시대부터 널리 퍼지기 시작한 '유교적 사도론'의 핵심 내용과 일치했습니다. 즉, 의義, 용勇, 인仁, 예礼등의 덕목을 기본으로 하는 무사도는 일본인의 윤리에서 기본으로 유럽인과 미국인의 기독교와 같은 역할을 하며 일본 근대화의 기반이 되었다는 것입니다. 메이지 41년(1908년)에 《무사도》는 '해외에서 호평받은 책'이라는 간판을 달고 일본에 역수입되면서 크게 화제가 되었습니다.

현재 우리가 떠올리는 '무사도'의 이미지는 여기에서 온 것입니다.

일련의 과정에서 새로운 이미지로 정착한 '무사도'에서 무사란 '신뢰를 받아야 할 위정자'라고도 불렸습니다. '무사의 혼'도 '상인의 재능'과 함께《논어》와 '신용'을 기본으로 하게 된 역사적 배경입니다.

공익 추구

앞서 살펴본 대로 공자는 정치에서 가장 중요한 요소를 '신뢰'라고 했습니다. 그렇다면 실제로 정치를 하는 위정자나 지도자에게는 어떤 마음가짐이 필요할까요?

《논어》의 '이인里仁편'에서 두 곳을 살펴보겠습니다.

「공자가 말했다. "행동에서 의를 우선시하는 것이 군자, 이익을 우선시하는 것은 소인이다.」

「공자가 말했다. "인간이라면 누구나 부유하고 높은 지위를 누리는 생활을 하고 싶어 한다. 하지만 그것이 나의 길이 아니라면 매달리지 말아야 한다. 반대로 가난하고 지위가 낮은 생활은 누구나 싫어한다. 하지만 그것이 나의 길이라면 여기에 만족해야 한다.」

《논어》에서 인용한 이 두 가지 문구는 정치인이나 관료를 생각하고 읽으면 의미가 분명하게 다가옵니다.

정치가나 관료는 사람들이 내는 세금에서 급료를 받는 존재입니다. 그러므로 정치가나 관료는 돈은 급료로 만족하고 개인의 이익이 아니라 공익을 추구해야 하는 것이 맞습니다. 만약 지금보다 더 많은 돈과 높은 지위를 원한다면 공을 더 많이 세워 인정을 받아 승진을 해야 합니다. 물론, 유감스럽지만 예나 지금이나 개인의 이익과 주변 인맥의 이익만 생각하는 정치인과 관료가 계속 나오고 있습니다. 하지만 정치가와 관료라면 공자가 위에서 말한 모습이 되어야 할 것 같습니다.

그렇습니다. 정치인에게 최소한 필요한 마음가짐은 개인 이익보다는 공익을 추구하는 것이기 때문입니다.

'의나 공익의 추구가 기본'이라는 공자의 말도 시부사와가 주창한 '합본주의'에 나와 있는 '공익 추구라는 목적이나 사명'과 완벽히 통합니다. 《논어》는 특히 '신용 중시'와 '의義나 공익 추구'를 강조하기에 시부사와가 이상으로 삼은 경제 본연의 자세를 뒷받침해주는 고전입니다.

다만 시부사와가 강조한 '도리와 공익의 추구'는 인과관계에서는 반대일지도 모르겠습니다. 즉, 시부사와는 어릴 때부터 논어나 유교적 가치관에 익숙했기 때문에 위정자가 공익을 추구한다는 목적을 내건 합본주의를 구상했던 것입니다. 그래도 어쨌든 큰 틀에서 공자의 말과 시부사와의 합본주의는 서로 겹치는 부분이 많습니다.

하지만 물론 모든 것이 전부 일치하기만 하는 것은 아닙니다.

시부사와는 《논어》를 상도덕에 적용하려고 했기 때문에 《논어》를 해석하는 과정에서 모순과 마주하게 됩니다. 하지만 놀랍게도 시부사와는 능수능란한 방법으로 이러한 모순을 해결하려고 했습니다.

《논어》를 대담하게 해석한 시부사와

앞에서도 인용한 논어의 한 구절입니다.

「공자가 말했다. 인간이라면 누구나 부유하고 높은 지위를 누리는 생활을 하고 싶어 한다. 하지만 그것이 나의 길이 아니라면 매달리지 말아야 한다. 반대로 가난하고 지위가 낮은 생활은 누구나 싫어한다. 하지만 그것이 나의 길이라면 여기에 만족해야 한다.」

이 구절에 대해 시부사와는 《논어강의》라는 책에서 다음과
같이 해석합니다.

부와 지위는 모든 사람이 원하는 것이다. 그러나 이를 손에 쥐
려면 올바른 길이 있다. 즉, 학문을 배우고 성과를 내고 자신을 갈
고 닦으며 도덕을 익히는 것이다. 물론 부와 지위 그 자체는 나쁜
것이 아니기에 젊은 사람들이 꼭 추구해야 하는 것이다. 그러나
부와 지위를 얻을 수 있는 수단이나 방법은 신중에 신중을 기하는
태도여야 한다는 것이 이번 구절에 나타난 공자의 생각일 것이다.

–《논어강의》, ‘이인里仁편 4장–

공자의 원래 생각과 시부사와의 해석이 어떻게 다른지 아시
겠습니까?

특별히 ‘부’에 초점을 맞춰본다면, 부가 필요한지 아닌지에 대
한 공자의 생각은 ‘부는 필요하다’입니다. 정치인이나 관료도 생
활을 하는 사람이기에 일에 한 대가로 월급을 받지 못하면 살 수
없기 때문입니다.

하지만 부를 추구해야 하는지 아닌지에 대한 공자의 생각은
‘부는 추구해서는 안 된다’입니다. 정치인과 관료는 공익을 추구
해야 하는 존재이기에 백성들이 낸 세금에서 나름의 월급을 받고

있습니다. 그렇기 때문에 정치인과 관료는 개인적인 이익은 추구해서는 안 된다고 공자는 생각한 것입니다.

그러나 시부사와 입장에서는 부를 공자처럼 해석할 수는 없었습니다.

시부사와는 논어를 상도덕을 세우는 기반으로 해석하려고 했습니다. 그런데 상인이나 기업인은 정치인과 관료와 달리 세금에서 월급을 받는 것이 아니라 자신의 월급은 스스로 벌어야 합니다. 이처럼 상인과 기업인은 정치인과 관료와는 입장이 근본적으로 다릅니다.

그래서 시부사와는 공자가 말한 '부'와 관련된 구절을 다음과 같이 해석했습니다.

'공자님도 부는 필요하다고 한다. 따라서 부를 얻는 것은 괜찮다. 단, 부를 얻는 방법에는 올바른 기준과 옳지 않은 기준이 있다.'

공자의 원래 사고방식을 기준으로 하면 시부사와의 해석은 상당히 터무니없이 들릴 수도 있겠습니다.

그러나 시부사와처럼 대담하게 해석해야 《논어》를 상도덕에 적용할 수 있습니다. 이런 의미에서 필자는 시부사와가 《논어》를 훌륭하게 재해석했다고 생각합니다.

《논어》의 내용은 지금으로부터 약 2,500년 전에 편찬된 공자의 언행록입니다. 당연히 우리 시대에 맞는 부분도 있고 안 맞는 부분도 있습니다. 그렇기 때문에 만일 고전을 잘 활용하고 싶다면 시대에 맞는 내용으로 바꿀 필요도 있습니다. 심지어는 대담한 방식으로 훌륭하게 재해석하는 일도 필요합니다. 중국이나 일본의 역사 속에서 많은 학자들이 해온 일이기도 합니다.

시부사와는 메이지 시대에 논어의 상업 버전을 만들었습니다.

시부사와는 《논어》에서 비즈니스에 맞지 않는 내용은 대담하게 재해석했습니다. 시대에 맞지 않는 내용은 《논어》나 유교라도 반박하기도 했습니다. 사실, 이 점에서 시부사와의 《논어와 주판》에 의미가 있다고 생각합니다. 다음 제7장에서 이 부분에 대해 더 파고들도록 하겠습니다.

제7장

서로 반대되는
두 가지 사이에서
균형을 잡는 사상

남존 여비의 부정

시부사와는 《논어》의 가르침 중에서도 새로운 시대에 맞지 않는 내용은 따르지 않았습니다. 다음의 《논어》 구절이 대표적입니다.

「공자가 말했다. "여자와 소인은 대하기 어렵다. 가까이 하면 불손하고 멀리 하면 원망한다."」*

시부사와는 위의 구절에 다음과 같은 해설을 붙였습니다.

---

* 《논어》, '양화陽貨편'

지금은 옛날과 다르게 사람은 누구나 평등하고 남녀도 같은 권리를 갖고 있다(정치적 권리는 제외). 직업에는 관리자가 있어서 위아래가 있으나 인권에는 높고 낮음이 없다. 모두 똑같이 사람의 자식으로 태어났다. 당연히 사람을 노예처럼 생각해서는 안 된다. 세상에는 가마를 타는 사람이 있으면 가마를 태우는 사람도 있다. 하지만 함께 운명을 같이 할 같은 국민이다. 화기애애하게 일하고 가업을 번창시키며 가정을 관리한다. 이것이야말로 어진 가정의 부모다.

　(중략) 공자는 '여자와 소인은 대하기 어려운 상대'라고 말했다. 여기에는 이러한 배경이 있다. 첫째, 남존여비를 원칙으로 하고 있다. 둘째, 여자에게 교육기회를 주지 않던 시대의 시각을 반영한다. 하지만 이제 정치에서도 남녀가 점차 같은 권리를 누리려고 하고 여성 교육도 이루어지고 있으니 옛날처럼 여자를 보는 시각은 없을 것이다. 공자에 대해 이렇게 생각한다. 공자는 과거사를 공부해 당대를 바라보는 통찰력을 깊게 키워갔다(옛것을 익히고 새것을 안다는 '온고지신')고 말했다. 따라서 공자는 새로운 것을 의욕적으로 도입하려는 생각을 갖고 있는 분이었다. 그러니 만일 공자가 오늘 날에 태어났으면 절대 이런 말을 남기지 않았을 것이다. 공자는 분명히 여성 참정권도 부인하지 않을 것이다.

-《논어강의》, '양화陽貨편 17장'

제2장에서 소개한 적이 있지만 시부사와는 나루세 진조에게 영향을 받아 공자의 낡은 여성관은 지금 시대에는 맞지 않는다고 분명히 말했습니다. 그리고 여성에게도 참정권을 인정해야 한다는 주장까지 합니다.

실제로 《논어와 주판》에 나타난 시부사와의 여성관은 다음과 같습니다.

> 여성을 우습게 아는 사고방식을 없애야 한다. 여성도 남성과 마찬가지로 국민으로서 재능, 지혜, 도덕을 길러 서로 함께 도와가며 살아야 한다. 그러면 지금까지는 5,000만 명의 국민 중에서 2,500만 명밖에 활용하지 못했으나 여성을 교육시키면 앞으로는 2,500만 명을 더 활용할 수 있지 않은가. 이것이 바로 여성 교육을 활성화해야 한다고 강조하는 근본적인 이유다.
>
> ─《논어와 주판》, '교육과 정의'─

여기서 주목해야 할 내용이 있습니다. 시부사와는 경제 합리성의 관점에서 남녀평등을 호소하고 있다는 점입니다. 사실, 시부사와의 여성관은 경제 합리성을 기본으로 했습니다. 위에서 살펴본 인용구에도 분명히 나타납니다. 시부사와는 유교 문화의 영향이 컸던 당시에 남존여비 사상으로 물든 사람들을 설득하기 위해서 반박하기 힘든 '경제 합리성'이라는 논리를 내세웠던 것입니다. 경제 합리성은 바로 '주판'에서 나온 가치관이었습니다.

효도는 부모가 시키는 것

유교의 중요한 덕목에 해당하는 '효도'에 대해서도 시부사와는 독특한 의견을 내놓았습니다.

부모는 자신의 생각만으로 자식을 효자로 만들 수도 있고 불효자로 만들 수도 있다. 부모의 생각대로 되지 않는 아이를 모두 불효라고 생각한다면 큰 착각이다. 단순히 효가 부모를 잘 부양하는 것이라면 개나 말과 같은 짐승도 잘 하는 일이다. 하지만 사람의 자식으로서 하는 효는 그렇게 간단한 일이 아니라고 생각한다. 부모의 뜻대로 되지 않는다고 해서, 언제까지나 부모의 곁에 있으면서 부모를 제대로 봉양하지 않는다고 해서 반드시 불효자인 것은 아니다.

이런 말을 하면 마치 내 자랑을 하는 것 같아서 쑥스럽지만, 사실은 사실이니까 그대로 이야기해 보려고 한다. 내가 스물세 살 때의 일 같은데 아버지가 내게 이렇게 말씀하신 적이 있다.

"열여덟 살 무렵부터 너의 모습을 지켜보니 너하고 나는 다른

점이 있다. 너는 독서를 시키면 이해력이 뛰어나고 매사에 머리도 잘 돌아간다. 마음 같아서는 언제까지나 너를 곁에 두고 내 생각대로 만들고 싶다. 하지만 그렇게 하면 오히려 너를 불효자로 만들어 버릴 테니 앞으로는 너를 네가 하고 싶은 것을 자유롭게 하도록 지켜보고 내 뜻대로 하지 않으려고 한다."

아버지가 말씀하신 대로 그 무렵의 나는 아직 나이는 젊어도 독서의 이해력에서는 이미 아버지를 앞섰는지도 모른다. 또한 아버지와 비교하면 많은 면에서 내가 더 뛰어난 점도 있었을 것이다. 그런데 만일 아버지가 나에게 억지로 아버지 뜻을 따르게 하고 '이것이 효도의 길이다'라면서 효를 강요했다면, 오히려 나는 아버지에게 반항하며 불효를 저질렀을지도 모른다.

다행스럽게도 그런 일은 일어나지 않았다. 아직 부족한 점이 있어도 불효자가 되지 않을 수 있었던 것은 아버지가 효를 강요하지 않고 넓은 마음으로 대해주어 내 뜻대로 앞으로 나아갈 수 있게 해 주신 덕분이다. 이처럼 효도는 부모가 여건을 마련해주어야 비로소 자식이 효도를 할 수 있다. 자식이 효도를 하는 것이 아니라 부모가 자식에게 효도를 하도록 만드는 것이다.

-《논어와 주판》, '교육과 정의'-

이와 같은 시부사와의 생각은 전통적인 유교에서 말하는 효와는 전혀 맞지 않습니다. 당연하지만 고대와 근대는 시대가 다르기에 가치관도 다르고 상황도 다릅니다. 고대의 중국과 귀족들은 고대의 효 사상 속에서 살았습니다. 시부사와는 이 점을 지적하고 있습니다.

「당시의 사람들은 영원히 이어가야 할 가문의 생활방식을 따르며 살았다. 이렇게 당시의 사람들은 조상들이 살았던 방식대로 살아야 했다.」*

그렇기 때문에 오경 중 하나인 《예기》에는 이런 내용이 있습니다.

「부모가 사랑하는 것을 사랑한다. 마찬가지로 부모가 소중히 여기는 것을 소중히 여긴다. 개와 말에 이르기까지 모두가 그렇게 한다. 하물며 사람이라면 당연히 그렇게 해야 한다.」**

예전 사람들은 자신의 인생이라도 부모나 조상들의 인생과 같은 방식으로 살아갔다는 뜻입니다. 그러니까 부모가 사랑한 것이나 소중히 하던 것을 자식이 이어서 똑같이 사랑하고 소중

---

* 　다카기 사토미高木智見, 《춘추전국시대의 사회와 사상先秦の社会と思想》
** 　《예기》, '내칙内則편'

히 해야 했습니다. 왜냐하면 가문이 계속 이어가던 혈통과 가치관을 끊지 않는 것이 당시 사람들의 의무였기 때문입니다. 물론 실제로는 예외의 경우도 많이 있었겠으나 당시에는 전반적인 분위기가 기본적으로 부모에게 순종하는 것이었습니다. 자식이 의견을 낼 수는 있어도 부모의 뜻을 거역하면 용서받을 수 없었습니다.

「자식이 부모를 섬기는 경우, 세 번 간언한다. 그리고 부모가 들어주지 않으면 통곡한다. 그다음에는 부모를 따른다.」*

그런데 시부사와는 '자식이 효도를 하는 것이 아니라 부모가 자식에게 효도를 하도록 만드는 것이다'라고 했습니다. 언뜻 기묘한 논리 같지만, 회사에 비유하면 쉽게 납득이 됩니다.

새로운 시대에는 새로운 인물

한 시대를 풍미했던 제품이라도 시대에 뒤떨어지면 더 이상 팔리지 않고 회사도 기울어갑니다. 제조업계 회사에서는 흔히

---

* 《예기》, '곡례하曲礼下편'

있는 이야기입니다.

그러나 아무리 젊은 직원이 신제품을 제안해도 나이 든 사장은 이해가 되지 않는 것은 들으려 하지 않고 옛날 제품만 고집합니다. 결국 회사는 점점 기울어갑니다. 사실, 사장도 과거에 시장에 출시한 제품을 성공시킨 덕분에 지금의 자리에 있는 것이죠. 어쨌든 이러한 경우에도 신세대의 직원은 나이 든 사장의 뜻에 따라서만 일을 하면 되는 것일까요? 시부사와가 전하고 싶은 메시지는 이것입니다. '다음 세대에는 다음 세대가 하고 싶은 것을 하게 하라.'

물론 새로운 것을 하면 실패도 따를 수 있습니다. 하지만 따뜻한 눈으로 지켜보면 성과가 날 수도 있습니다. 성과가 나면 회사가 다시 잘 될 지도 모를 일입니다. 이제는 통하지 않는 옛 가치관을 신세대 직원에게 강요해 봐야 회사는 점점 어려워집니다. 이렇게 되면 반대로 다음 세대에게 효도를 할 기회도 앗아가 버립니다. 시부사와는 이런 말도 했습니다.

「새로운 시대에는 새로운 인물을 키워서 새로운 방식으로 일을 처리해야 한다.」*

---

*　시부사와청연기념재단용문사, 《시부사와 에이이치 훈언집渋沢栄一訓言集》

시부사와가 이런 말을 할 수 있었던 것은 당시의 시대 상황 때문입니다.

시부사와는 '근대 일본의 설계자이자 운영자'로서 메이지 이후에 다수의 회사나 사회사업 일에 관여했습니다. 그런데 사람들이 '예전 에도 시대의 가치관을 지키는 편이 낫다', '젊은 세대도 윗세대가 해온 것을 그대로 계승하기만 하면 된다'라는 생각만 하면 일은 전혀 진행되지 않습니다.

파란만장한 시대, 변화를 일으켜야 하는 시대에 적합한 방식이란 무엇인지에 대해 시부사와는 위의 인용구에서처럼 주장했습니다.

그리고 여기서 시부사와가 기반으로 삼은 것은 역시 '주판' 쪽에서 유래한 '진취'나 '혁신' 같은 가치관이었습니다.

경쟁의 필요성

시부사와는 《논어》에서 '경쟁'이라는 싸움에 영감을 받기도 했습니다.

국가가 건전하게 발전하려면 상공업, 학술과 예술, 공예, 외교와 같은 모든 분야에서 항상 외국과 경쟁해 반드시 이기겠다는 각

오가 있어야 한다. 국가뿐만 아니라 개인도 항상 주위에 널린 경
쟁자들과 싸워서 반드시 이기겠다는 용기가 있어야 성장과 진보
할 수 있다.

-《논어와 주판》, '처세와 신념'-

싸워야 할 이유는 무엇일까요? 《논어》의 '팔일八佾 편'에 이런
가르침이 있기 때문입니다.

「공자가 말했다. "군자는 매사에 남과 다투지 않는 법이다. 싸
울 일이 있다면 활쏘기 경기뿐일 것이다."」

공자는 난세 속에서 평화를 추구한 인물이었기에 '조화'를 지
향했습니다.

그래서 기본적으로 공자는 싸움은 훌륭한 인간이 할 일이 아
니라고 생각했던 것입니다.

주변과의 조화를 중시하여 다툼을 피하려는 경향은 지금도
일본인의 특징이라고 알려져 있습니다. 하지만 시부사와는 '주
판'에서 유래한 '성장'이나 '진보'와 같은 가치관도 중시했기에 '조
화'에만 편중되는 것에 반대합니다. 물론 조화는 중요하지만, 때
로는 '다툼'도 필요하다는 것이 시부사와의 생각입니다. 위에서
소개한 인용문에서 '이기겠다는 각오', '기개'라는 표현에서 알

수 있는 것처럼 정신적인 면이 강조되고 있습니다. 그리고 시부사와는 이 정신적인 면을 실제의 비즈니스 현장에도 적용했습니다.

이를 상징적으로 보여주는 예가 싸움이 없는 독점 상태의 업계에 시부사와가 일부러 라이벌회사를 만든 일입니다.

제3장에서 다룬 적이 있지만, 시부사와가 독점을 견제한 회사가 우편 기선 미쓰비시 회사였습니다. 메이지 초기에 해운을 독점해 높은 수익을 올리고 있던 이와사키 야타로가 이끌던 회사였습니다.

메이지 13년(1880년)에 시부사와와 마스다 다카시가 중심이 되어 후한센 회사風帆船会社를 설립해 미쓰비시의 아성을 무너뜨리려고 했습니다. 게다가 시부사와를 시작으로 이노우에 가오루井上馨, 시나가와 야지로品川弥二郎, 마스다 다카시, 에노모토 다케아키榎本武揚, 아사노 소이치로浅野総一郎 등 미쓰비시의 독점에 반발하는 실업가 등이 모여 메이지 15년(1882년)에 공동 운수 회사를 세웠습니다.

이후, 우편 기선 미쓰비시 회사와 공동 운수 회사는 치열한 덤핑 전투를 전개했습니다. 두 회사가 모두 망하지 않을까 우려될 정도로 싸움은 수렁에 빠진 것처럼 끝이 보이지 않았습니다.

그러던 중 메이지 18년(1885년)에 갑자기 이와사키가 세상을 떴습니다. 이후에 정부의 중재와 사이고 쓰구미치西郷従道 농상무

경의 노력 덕분에 우편 기선 미쓰비시 회사와 공동 운수 회사가 합병했습니다. 지금도 해운업계의 대기업으로 통하는 일본유센日本郵船이 이렇게 탄생했습니다.

시부사와는 독점이 있으면 '성장'도 '진보'도 생기지 않는다는 생각을 했습니다. 그래서 독점을 막기 위해 행동으로 나선 것입니다.

경쟁에서 나오는 공익

시부사와는 경쟁에는 '선의의 경쟁'과 '악의의 경쟁'이 있다고도 지적했습니다.

이른바 경쟁이란 공부나 발전의 어머니다. 그런데 이것이 사실이라고 해도 경쟁에는 선의의 경쟁과 악의의 경쟁, 이 두 가지가 있는 것 같다. 구체적으로 말한다면, 매일 남들보다 아침 일찍 일어나 좋은 생각을 하고 지혜와 공부로 남들을 이겨 나가려는 자세는 선의의 경쟁이다. 그러나 다른 사람이 한 일이 좋은 평판을 얻자 이를 그대로 따라하자고 결심한 후 옆에서 성과를 낚아채려는 자세는 악의의 경쟁이다.

-《논어와 주판》, '주판과 권리'-

선의의 경쟁과 악의의 경쟁이라는 두 종류의 경쟁은 바로 한자의 '경競'과 '쟁爭', 각각의 의미에서 유래했습니다.

원래 '경쟁'이라는 말은 에도 시대 말기에 생긴 번역어입니다. '경쟁'을 일본어 한자로 번역한 후쿠자와 유키치에게 다음과 같은 에피소드가 있었습니다.

「챔버스Chambers의 《경제론Political Economy》을 한 권 가지고 있어서 뭔가 이야기를 하다가 '감정방勘定方의 높은 관리'에게 이 경제서 이야기를 한 적이 있다. 감정방의 높은 관리는 지금으로 말하면 대장성의 중요한 직을 맡은 사람에 해당한다. 관리는 매우 기뻐하며 목차만이라도 좋으니 보여 달라고 했다. 재빨리 번역해 보니 'competition(컴페티션)'이라는 영어 단어가 나왔다. 여러 가지 생각 끝에 '컴페티션'을 '경쟁'이라는 말로 번역했고 대략 20개 항목으로 된 목차를 번역해 관리에게 보여주었다. 그러자 관리가 몇 번이고 관심을 보이며 "아니, 여기에 '쟁爭'자가 써 있군. 조금 이상한데 어찌 된 일인가?"라고 물었다.」*

막부의 관리가 궁금해하며 물은 이유가 '경競'과 '쟁爭'은 서로

---

* 《복옹자전福翁自伝》 (국내에서는 《후쿠자와 유키치 자서전》 이라는 제목으로 번역되었다)

의미가 다른 한자이기 때문입니다.

우선, '경競'이라는 한자는 관立을 쓴 사람兄이 둘이서 달리기하는 모습을 본뜬 것으로 알려져 있습니다. 즉, 성과를 내기 위해서는 무엇보다도 자신이 성장할 수 있어야 합니다. 이와 관련해 다른 예로는 수영, 골프, 시험, 콩쿠르 등이 있습니다. 시부사와가 말한 '매일 남보다 아침 일찍 일어나 좋은 생각을 하고 지혜와 공부로 남들을 이겨 나가려는 자세'가 여기에 해당합니다.

한편, '쟁爭'이라는 한자는 한 개의 막대기를 놓고 두 사람이 손으로 서로 빼앗고 있는 모습을 본뜬 것입니다. 한 마디로 서로 빼앗으려고 하면서 한쪽이 지는 싸움입니다. 구체적인 예로 말하면 전쟁, 복싱, 레슬링 등이 있습니다. 시부사와가 말한 '그대로 따라하자고 결심한 후 옆에서 성과를 낚아채려는 자세'가 여기에 해당됩니다.

물론 현실에서는 이 두 가지가 뒤섞여 있지만, 시부사와의 어록을 떠올리면 시부사와는 '싸움'이나 '경쟁'을 다음과 같이 생각했던 것 같습니다.

'개인과 회사, 국가 사이에서는 마음속으로 경쟁자들과 다투고 반드시 이기겠다는 용기를 가져야 한다. 그리고 실제 경쟁에서는 규칙이나 올바른 길을 지키면서 경쟁자보다 자신을 성장 시킨다는 선의의 경쟁을 해야 한다. 즉, 성과를 내는 방향으로 경쟁을 해야 한다.'

게다가 위에서 소개한 시부사와의 어록 중에는 '국가', '상공업', '학술', '예술', '공예', '개인'까지도 경쟁의 대상으로서 꼽고 있습니다. 이 점은 제5장에서 언급한 '공'의 의미와도 관련되어 있습니다.

예를 들어 어떤 회사에서 직원들끼리 치열하게 경쟁하며 서로 성장을 거듭했다고 칩시다.

이는 당연히 회사의 능력을 종합적으로 높이는 결과로 이어집니다. 따라서 직원 개인들의 경쟁이 회사라고 하는 '공公'에 공헌하는 결과를 낳습니다.

한편, 라이벌 관계의 회사들끼리 경쟁해 서로 성장을 거듭했다고 합시다. 그러면 이는 나라를 성장시키는 원동력이 되어 나라라고 하는 '공公'에 공헌하는 결과를 낳습니다. 국가 간의 경쟁과 세계의 관계도 마찬가지입니다.

근대 이후, 강력하게 떠오른 '성장'이나 '진보'라는 가치관을 기준으로 생각하면, '싸워서라도 이기려는 기개'가 합쳐져 일어나는 격렬한 경쟁은 공익을 이루기 위해 꼭 필요한 하나의 조건이 됩니다. 그렇기 때문에 《논어》의 '조화和'에 어긋나기는 해도 시부사와는 치열한 '경쟁'은 필요하다고 주장했습니다. 피비린내 나는 막부 말기에 청춘시절을 보내고 다카사키성 습격 계획으로 한 번쯤 죽을 각오를 한 적이 있는 시부사와. 이러한 실제 경험이 시부사와의 경쟁관에 반영되어 있습니다.

하지만 세상이 돌아가려면 '경쟁'만 있어서는 안 되고 조화도 필요합니다. 시부사와는 경쟁과 조화의 균형을 목표로 했습니다. 이러한 이유로 시부사와는 실업계의 화합 분위기를 만들어 가기 위해 많은 실업계 단체 일에 계속 관여했던 것입니다.

특히 유명한 것이 도쿄 상법회의소(지금의 도쿄 상공회의소)입니다. 도쿄 상법회의소는 아직 생긴 지 얼마 되지 않아 불안정했던 실업계의 단결을 촉진해 실업계의 지위를 높이고 업계 전체의 의견을 정리하고 실업계의 상호 교류를 촉진하는 일을 해나갔습니다.

시부사와는 많은 회사 설립에 관여한 것으로 유명하지만, 전국적으로 회사를 조직해 실업계가 하나로 뭉쳐 힘을 발휘할 수 있도록 도왔습니다.

이것도 '논어(조화)'와 '주판(경쟁)'이 지닌 하나의 의미입니다.

논어와 주판, 어디까지나 수단

지금까지 살펴본 것처럼, 시부사와는 《논어》가 안고 있는 문제점을 '주판'이 내포하는 가치관을 활용해 해결해 가려고 했습니다. '주판'에 깃든 가치관은 '경제 합리성', '진취', '혁신', '진보', '성장'입니다.

그리고 반대의 경우도 마찬가지입니다.

'주판'으로 상징되는 비즈니스나 경제에도 특유의 문제가 있습니다. 시부사와는 이러한 문제를 《논어》의 가치관을 활용해 해결하려고 했습니다.

제2장에서 다룬 양육원의 폐지 문제를 놓고 벌인 갈등이 좋은 예입니다.

도쿄부 의원들로부터 '이런 자선사업은 자연히 게으른 사람을 만들게 되니 오히려 해롭고 이익이 없다. 이런 사업에 많은 경비를 투자하는 것은 매우 좋지 않다. 꼭 폐지해서 그 경비를 다른 유용한 방면으로 이용해야 한다'라며 양육원을 계속 열 이유가 없다며 반대했습니다. 의원들은 경제 합리성의 관점에서 양육원 등은 필요 없다는 이야기를 하고 있었습니다. 바로 여기에서 '주판'에 내포된 '약육강식', '양극화', '경제 합리성' 등의 가치관이 지나치게 강조되어 문제점으로 나타난 것입니다.

이에 대해 시부사와는 《논어》의 '인仁(사랑과 배려의 마음)'이나 '충서忠恕(양심과 배려)'를 바탕으로 생각하면 곤란한 사람을 돕는 것은 당연하다고 했습니다.

실제로 도쿄시 양육원 직원들을 대상으로 한 강연에서 시부사와는 이런 말을 했습니다. 《논어와 주판》에도 나와 있는 내용입니다.

사람이 늘 품어야 할 도리란 무엇보다도 사랑과 배려의 마음을 기반으로 한다.

-《논어와 주판》, '성패와 운명'-

사랑과 배려. 양심이 있는 사람이라면 약자를 내칠 수가 없다면서 이것이 '사람의 도리'라고 시부사와는 주장했습니다.

이와 관련한 예는 제2장에서 소개한 적이 있습니다. 도쿄 인조비료의 에피소드입니다. 도쿄 인조비료가 판매 부진과 공장 화재 등으로 상황이 곤란해지자 다른 출자자들은 투자를 보류했습니다. 하지만 시부사와만은 '이 사업은 일본 농업의 근대화를 위해서 반드시 필요하다'라고 믿으며 투자에서 손을 떼지 않았습니다. 심지어 혼자서 회사의 경영도 맡았습니다. 마침내 시부사와는 회사를 흑자로 전환시켰습니다. '경제 합리성' 관점에서 보면 적자를 보는 사업에서 손을 떼는 것은 잘못된 판단이 아닙니다.

그러나 시부사와는 《논어》에 나오는 '의'를 내세워 적자를 보는 사업에서도 손을 떼지 않았습니다. 세상에는 '경제의 합리성'으로만 생각해서는 안 되는 사업, 그리고 공익을 위해서 반드시 해야 하는 사업이 있다고 시부사와는 본 것입니다.

이처럼 시부사와는 '주판'으로 상징되는 비즈니스나 경제가 중시하는 가치관인 '경제합리성', '우승열패', '양극화' 등이 때로는 너무 지나쳐 문제를 일으킬 때, '논어'의 가치관인 '인仁', '충서恕', '의義' 등을 활용해 문제를 줄이려고 했습니다.

즉, '논어'와 '주판'이 각각 지닌 강점을 통해 다른 한쪽의 문제점을 줄이거나 해결하려고 했습니다. 이점에 보면 다른 사상에는 보이지 않는 처절함이 시부사와의《논어와 주판》의 사상에는 보입니다.

그렇다면 시부사와는 어떻게 이러한 행동을 할 수 있었을까요? 시부사와에게는 '논어'도 '주판'도 결국은 '수단'에 불과했기 때문입니다.

시부사와가 추구하는 근본적인 목표는《논어》를 세상에 널리 알리는 것, 일본에 훌륭한 실업계 기반을 세우는 것이 아니었습니다. 제3장에서 소개한 대로 시부사와에게는 '서구 열강에게 식민지가 되지 않는 강한 일본, 번영한 일본을 만드는 것'이야말로 진정으로 추구한 이상이며 목표였습니다.

그런 시부사와에게는 '논어'도, '주판'도 뜻을 달성하기 위한 하나의 수단에 불과했습니다. 그렇기 때문에 논어나 주판 중 어느 한 쪽에 너무 치우치지 않고 각각의 강점과 약점을 객관적으로 파악할 수 있었던 것입니다. '한쪽의 강점으로 다른 한쪽의 약점을 억제'할 수 있었던 비결입니다.

넓은 관점으로 현실을 바라보는 사상

'서로 정반대되는 두 가지를 균형 있게 잘 활용한다'는 발상은 중국 고전에서 꾸준히 다루어졌습니다. 중식당 등에서 흔히 볼 수 있는 태극도가 전형적인 좋은 예입니다. 오경 중 하나인《서경書経》의 '고요모皐陶謨 편' 에 소개된 좋은 지도자의 조건도 참고할 수 있는 예입니다.

「너그러우면서도 위엄이 있다.

부드러우면서도 자기 주관이 뚜렷하다.

신중하면서도 매사에 처리 속도가 빠르다.

유능하면서도 상대를 깔보지 않고 겸손하다.

온순하면서도 의지가 강하다.

정직하면서도 온화하다.

간결하면서 자질구레한 일에 얽매이지 않는다.

결단력이 있으면서도 생각이 깊다.

대범하게 행동하면서도 옳고 그름을 구분한다.」

즉, '관용과 엄격함', '온순함과 강한 의지'처럼 서로 반대되는 두 요소를 동시에 지니면서 상황에 따라 이 두 가지를 조화시킬 수 있어야 좋은 지도자라는 내용입니다.

확실히 복잡하고 불확실한 현실을 잘 헤쳐나가려면 너무 엄격하기만 해도 안 되고 너무 부드럽게 나가기만 해서도 안 됩니다. 상황에 따라 태도가 달라야 하기 때문입니다. 즉, 한 치 앞을 바라볼 수 없는 현실 속에서 살아가려면 '서로 정반대되는 두 가지 요소'를 제대로 조화시켜 나가겠다는 생각이 꼭 필요합니다.

　'현실을 대하는 유연한 태도'와 '넓은 관점으로 현실을 바라보는 사상'. 이 두 가지야말로 시부사와의 《논어와 주판》에서 가장 배워야 할 부분이라고 생각합니다.

맺음말

지금까지 시부사와 에이이치의 생애와 사상을 살펴보았습니다. 이렇게 살펴본 내용을 바탕으로 이런 질문을 해보겠습니다.

'시부사와 에이이치는 근대 일본의 설계자·운영자로서 약 500개의 회사 일과 약 600개의 사회사업 일에 관여하며 성공을 거두었습니다. 그 비결은 무엇일까요?' 이 질문에 대한 대답을 생각해 보면서 마무리를 지으려 합니다.

위의 질문에 필자가 가장 먼저 하고 싶은 대답이라면 '시부사와의 폭넓은 경험과 지식'입니다.

우선, 젊은 시절에 시부사와는 폭넓은 독서를 시작으로 시야를 넓힐 수 있었지만, 인생을 살아가면서 풍부한 경험을 통해 시야를 한층 더 넓힐 수 있었습니다.

시부사와는 농민의 아들로 태어나 장사를 하고 무사, 관료, 기업가를 거쳐 사회사업가가 되었습니다. 그 밖에도 시부사와가 도쿄 제국 대학에서 경제를 가르친 제자 중 한 사람이 일본 근대 소설의 아버지인 쓰보우치 쇼요坪内逍遥입니다. 시부사와는 후카가와 구의회 의원과 구의회 의장을 지내기도 했습니다.

제3장에서 소개한 대로 시부사와가 이와 같은 인생을 살 수 있었던 것은 높은 이상을 품고 있었기 때문입니다. 그러나 겉으로만 보면 시부사와의 인생은 혼돈에 가까웠습니다.

그러나 격동의 인생을 살았기에 시부사와는 탁월한 제도를 설계하는 인물이 될 수 있었습니다.

시부사와는 거의 모든 사람의 입장을 실제로 경험했기 때문에 그만큼 상대방의 입장에서 생각하는 경우가 많았습니다. 이러한 이유로 사람들을 광범위하게 끌어모으고 많은 사람들이 납득할 수 있는 제도를 설계할 수 있었던 것입니다.

무사나 상인처럼 특정한 입장만 아는 사람이라면 제도를 만든다고 해도 애초에 무엇이 문제인지, 어디까지를 범위로 설정해야 하는지, 제대로 알 수 없었을 것입니다. 시부사와는 대장성에서 개혁 작업을 이끌었을 때 일본 근대화의 기반이 되는 정책을 신속하게 제안할 수 있었습니다. 그 배경에는 시부사와의 폭넓은 경험이 있다고 필자는 보고 있습니다.

또한 시부사와는 젊었을 때 유럽으로 건너갔고 나중에는 중국과 미국도 방문했습니다. 일본과 가치관과 문화가 다른 사회를 직접 경험한 덕분에 시부사와 자신과 일본 사회를 어느 정도는 객관적으로 볼 수 있었습니다. 그렇기 때문에 유럽과 미국이 이룬 '근대화'가 지닌 강점과 약점, 그리고 일본의 전통적인 가치관이 지닌 강점과 약점을 제대로 볼 수 있었던 것입니다.

현실 세계에서는 가치관이 다른 여러 사람이 모이면서 이런 저런 모순이 생깁니다. 시부사와는 이러한 불안정한 현실을 어떻게 헤쳐나가려고 했을까요?

그 답은 '논어와 주판'이라는 모토에 잘 나와 있습니다. 서로 정반대되는 두 요소를 수단으로 활용하는 방법이 있었습니다.

예를 들어서, 시부사와는 실업계에서 경쟁과 협조라는 상반된 두 가지 상황 사이에서 균형을 잡으려고 했습니다.

시부사와는 경영자에게는 도덕을 가지라고 말하면서도, 반대로 동기가 불순한 사람인 것을 알면서도 돌봐주기도 했습니다. 시부사와는 눈앞의 결과에 연연할 필요가 없다면서 회사는 결과적으로 사회에 도움이 되어야 좋다고 말했습니다. 시부사와는 '미국의 합리적인 정신을 본받아야 한다'고 말하면서도 '무사는 먹지 않아도 이쑤시개로 이를 쑤신다'로 표현할 수 있는 일본 무사도의 정신 승리를 찬양했습니다.

이렇게 보면 시부사와의 생각은 정확히 무엇인지 알기 힘들어 혼란스러울 수 있습니다. 그러나 시부사와는 다각도로 생각할 수 있었기에 현실에 잘 대처할 수 있었습니다. 물론 서로 상반되는 두 요소를 가지고 있는 것만으로는 문제를 해결할 수 없습니다. 다방면으로 깊이 생각하면서 반대되는 두 요소를 상황에 따라 최대한 균형 있게 활용해야 합니다. 시부사와는 바로 이러한 방법을 사용해 현실에 대처해갔습니다. 이를 상징적으로 잘 보여주는 것이 깊이 생각하고 충분히 논의하는 시부사와의 자세였습니다.

이와는 정반대의 예가 있습니다.

'첫머리에'에서 경영학자이자 사회학자인 피터 드러커의 말을 인용했는데요, 드러커는 젊은 시절 비엔나에서 잡지기자 일을 하다가 아돌프 히틀러를 여러 번 인터뷰한 적이 있습니다. 이후에 드러커는 인터뷰에서 이런 말을 했습니다.

"모종의 순수함, 열렬한 정신은 선동 정치가나 독재자가 지닌 특징이었습니다. 금세기 최대로 순수한 인물이 누구냐는 질문을 받으면, 저는 '히틀러'라고 대답합니다. 젊은이들은 이해하기 힘든 대답일 지도 모르겠습니다만."*

히틀러가 순수했다니 의외의 평가입니다. 드러커는 왜 이런

---

* 　<현대 사상現代思想>(2010.8) Vol.38-10. 피터 드러커와의 인터뷰 '컨설턴트의 조건コンサルタントの条件'의 일본어 번역을 참고.

말을 했을까요? 히틀러는 '하나의 원리만 맹신했고 그 원리에 따라 세계를 지배할 수 있다'고 순수하게 믿었던 외골수였기 때문입니다.

그러나 현실에서는 하나의 원리를 강요해도 이 원리에 반대하는 의견이 다양하게 나올 수밖에 없습니다. 하지만 하나밖에 몰랐던 히틀러는 자신의 생각에 반대하는 사람들을 적이나 반동분자로 생각해 제거해 나갔습니다. 드러커가 가장 싫어했던 역사상 인물이 히틀러, 스탈린, 마오쩌둥이었습니다. 세 사람 모두 같은 행동 원리를 보이며 수천만 명을 학살했다는 공통점이 있어서입니다.

그리고 이러한 위험한 '순수함'과는 거리가 먼 지혜가 있는 책이 《논어와 주판》입니다.

이런 상상을 해봅시다.

사회라는 광장의 중심에 '논어'라는 원칙을 하나 세웁니다. 하지만 이 원칙만으로는 '처음에는 개인의 이익 추구가 동기로 작용했지만, 결과적으로는 사회에 도움이 되는 회사나 사람'은 포용하지 못합니다. 그러면 자칫 배제가 시작될 수 있습니다.

반대로 '주판'이라는 원칙을 하나 세웁니다. 하지만 이 원칙만으로는 '도덕을 지키고 경제적으로 불우한 사람'을 끌어안지 못합니다. 자칫 이들을 실패자라고 비웃거나 배제할 위험이 있습니다.

그런데 '논어'와 '주판'을 각각 양쪽에 세우면 모든 사람들과 회사가 논어와 주판 사이에 포함됩니다.

이처럼 서로 반대되는 두 가지 사이에서 균형을 잡으며 생각할 때 큰 힘을 발휘할 수 있습니다. 그렇기 때문에 시부사와는 사회 전체를 크게 바라보면서 능수능란하게 약 500의 회사, 600의 사회사업에 관여하면서 현재 일본 번영의 밑거름을 쌓아 올리는데 기여했습니다.

물론 시부사와의 사고방식이 만능열쇠는 아닙니다. 그러나 하나의 원리만 옳다고 보고 여기서 벗어나거나 반대편에 서는 사람을 적으로 간주하는 풍조가 만연한 현실 속에서 '논어와 주판'의 지혜로 돌아가는 것은 큰 의미가 있다고 필자는 믿고 있습니다.

시부사와 에이이치가 관여한 회사와 공익단체 도표

(작성자 : 시부사와 사료관의 이노우에 준 관장)

회사명 / 사업명	주요 역할, 연호해설	현재 회사명/사업명
제일국립은행 (주)제일은행	메이지 6~8년 총감, 메이지 8~29년 이사장 메이지 29년~다이쇼5년 은행장, 다이쇼5년 ~쇼와6년 상담역	(주)미즈호은행
오지제지(주)	메이지7년~은행장·주주 대표, 메이지 26년~31년 이사회장, 메이지 35년~37년 상담역	오지홀딩스(주) 일본제지(주)
(주)제20은행	지도, 메이지 41~42년 상담역	(주)미즈호은행
도쿄해상보험(주)	창립주창자, 메이지12년~상담역, 메이지27~42년 이사	도쿄해상일동화재보험(주)
(주)제77은행	지도, 메이지42년 상담역	(주)77은행
오사카방적(주)	창립주창자, 메이지 16~42년 상담역	동양방(주)
일본철도(주)	메이지 17~33년 이사위원, 메이지 33~37년 이사	동일본여객철도(주)
일본우선(주)	메이지 26~42년 이사	일본우선(주)
도쿄가스(주)	메이지 18~27년 위원장, 메이지 27~42년 이사 회장	도쿄가스(주)
미에방적(주)	구제노력,메이지 22년~상담역, 메이지 40~42년 이사	동양방(주)
대일본인조비료(주)	메이지 20~26년 위원장, 메이지 26~42년 이사회장	닛산화학(주)
도쿄제강(주)	메이지 20~26년 위원, 메이지 26년 이사, 메이지 31~42년 이사 회장	도쿄제강(주)
일본연와제조(주)	메이지 20~23년 이사, 메이지 23~26년 이사장, 메이지 26~42년 이사회장	일본벽돌제조(주) *2006년 폐업
(주)도쿄이시카와지마조선소	메이지 22~26년 위원, 메이지 26~42년 이사회장	(주)IHI

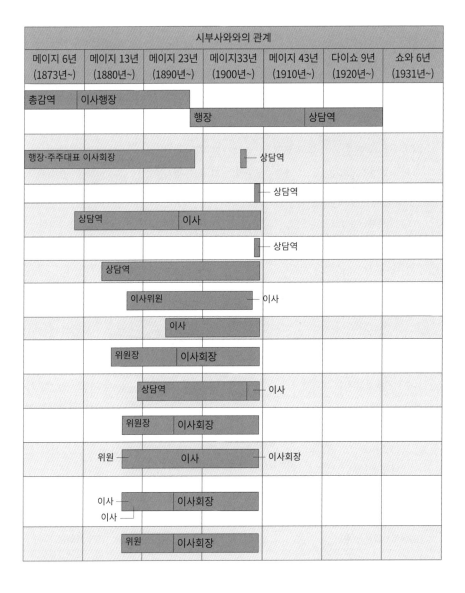

(주)제국호텔	창립발기인, 메이지 20~26년 이사장, 메이지26~42년 이사회장	(주)제국호텔
(주)도쿄저축은행	메이지25년~다이쇼5년 이사회장	(주)리소나 은행
도쿄모자(주)	메이지 25~42년 이사회장	오백스(주)·오로라(주)
호쿠에츠철도(주)	창립발기인회장, 메이지 28~38년 감사, 메이지 38~42년 상담역	동일본여객철도(주)
동양기선(주)	창립위원장, 메이지 29~33년 감사역	일본우선(주)
기차제조합자회사	메이지 29~32년 창립위원·업무담당 사원, 메이지 32~42년 감사역	가와사키중공업(주)
우라가선거(주)	메이지 36~42년 상담역	스미토모 중기계공업(주)
이와코시철도(주)	창립발기인, 메이지 29~38년 이사회장	동일본여객철도(주)
아사노시멘트합자회사	출자사원, 메이지 31~42년 감사역	태평양시멘트(주)
홋카이도철도(주)	메이지 34~37년 상담역	홋카이도여객철도(주)
(주)일본흥업은행	메이지 33~35년 설립위원, 메이지 35~42년 감사역	(주)미즈호은행

회사명/사업명	주요 역할, 연호해설	현재의 회사명/사업명
시나가와흰벽돌(주)	출자자, 메이지 40~42년 상담역	시나가와리프락토리즈(주)
후루카와광업회사	출자자	후루카와기계금속(주)
대일본맥주(주)	메이지 39~42년 이사	아사히그룹홀딩스(주) 삿포로홀딩스(주)
중앙제지(주)	창립발기인, 메이지 39~42년 상담역	오지홀딩스(주)
제국극장(주)	창립발기인 메이지 39년 창립위원장 메이지 40년~다이쇼3년 이사회장, 다이쇼 3년~명예고문	도호(주)
일본피혁(주)	메이지 40~42년 상담역	(주)닛피
시부사와창고(주)	발기인	시부사와창고(주)

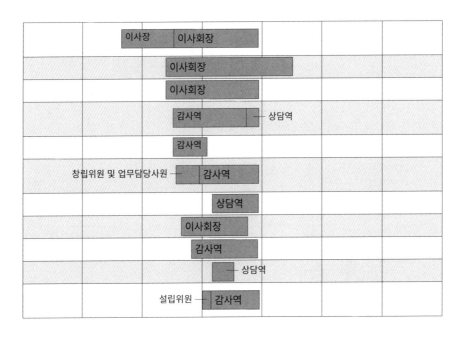

	시부사와와의 관계						
메이지 6년 (1873년~)	메이지 13년 (1880년~)	메이지 23년 (1890년~)	메이지33년 (1900년~)	메이지 43년 (1910년~)	다이쇼 9년 (1920년~)	쇼와 6년 (1931년~)	
			상담역				
			이사				
			상담역				
		창립위원장 — 이사회장		명예고문			
			상담역				

시미즈만노스케상점	지도·원조	시미즈건설(주)
합명회사나카이상점	메이지 35년 고문	일본종이펄프상사(주)
중외상업신보사	지도	(주)니혼게이자이신문사
도쿄양육원	메이지 9년~사무장, 메이지 12년~쇼와 6년 원장	
(사)후쿠다카이	메이지 12년~회계감독, 메이지 32년~명예고문	(복)후쿠다카이
도쿄감화원자선회	메이지 22~37년 회계 감독	
도쿄출옥인보호소	메이지 35년~협의원	(경)일본갱생보호협회
중앙자선협회	메이지 41년~회장	(복)전국사회복지협의회
(재)사이타마현공제회	다이쇼 8년~고문	(복)사이타마현공제회
(재)다키노카와학원	다이쇼 9년~쇼와 6년 이사장	(복)다키노카와학원
사랑의집	다이쇼 12년 ~ 쇼와 6년 고문	(복)사랑의 집
은사재단경복회	다이쇼13년 ~ 쇼와 6년 고문	
중앙맹인복지협회	쇼와 4~6년 회장	
(재)전일본방면위원 연맹	쇼와 6년 회장	(복)전국사회복지협의회
박애사	메이지 13년~ 사원, 메이지 19년~의원, 메이지 26~37년 상의원	일본적십자사
(사)동애사	메이지 17년~ 간사, 메이지 23~25년 협의위원, 메이지 27년 우대사원, 메이지 39년 찬성원, 메이지 42년 특별사원	
(사)도쿄자혜회	메이지 40년~ 이사·부회장, 자금모집 상담역 겸 위원장	(공사)도쿄자혜회
은사재단제생회	메이지 44년~ 고문, 평의원	(복)은사재단제생회
(재)일본결핵예방협회	다이쇼 2년~ 부회장, 다이쇼 10년~쇼와 6년 회장	(공재)결핵예방회
세이로카병원	다이쇼 3년~ 평의원회 부회장급 회계감독	세이로카국제병원

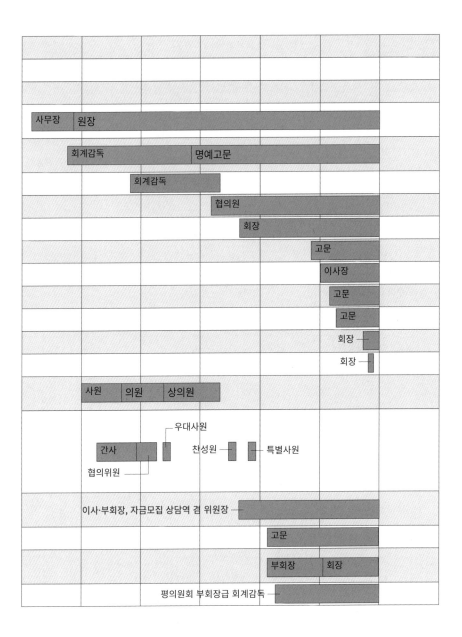

257

회사명/사업명	주요역할, 연호해설	현재의 회사명/사업명
(재)이즈미하시자선병원	다이쇼 8년~평의원회 부회장, 다이쇼 9년~고문, 쇼와 5년~회장	(복)미쓰이기념병원
(재)나예방협회	쇼와 6년 회장, 이사	(복)후레아이복지협회
구세군병원	메이지 45년 발기인	구세군부스기념병원
도쿄상법강습소 [도쿄고등상업학교]	메이지 45년 발기인 메이지 8년~경영위원, 메이지 12년~위원, 메이지17년~교무상의 위원	히토쓰바시대학
도쿄대학	메이지 14~16년 문학부 강사	도쿄대학
공수 학교	메이지 21년~찬조원, 다이쇼 14년~고문	가쿠인대학
오쿠라상업학교 [오쿠라고등상업학교]	메이지 31년~협의원, 학교설립위원, 협의원·이사 겸 감사	도쿄경제대학
(재)이와쿠라철도학교	메이지 44년~사원, 다이쇼 13년~쇼와 6년 평의원	이와쿠라고등학교
(재)다카치호학교 [다카치호고등상업학교]	메이지 36~42년 자금보관 주임, 메이지 40년~쇼와 6년 평의원	(학)다카치호학원
(재)도쿄여학관	메이지 19년~평의원, 메이지 21년~회계감독, 다이쇼 7년~평의원장, 다이쇼 13년~관장, 쇼와 5년 이사장·관장 겸 회계감독	(학)도쿄여학관
일본여자대학교	메이지 30년~설립 발기인, 창립위원, 회계감독, 메이지 33년~건축위원, 교무위원, 메이지 37년~평의원, 쇼와 6년 교장	일본여자대학
(재)일본여자고등상업학교	쇼와 3년 학교건설후원회 발기인, 1쇼와 4~6년 고문	(학)가열학원
후타미고등여학교	메이지 42년~ 다이쇼 6년 고문	(학)후토미학원
와세다대학	메이지 41년~대학기금관리위원(장), 다이쇼 6년~대학유지원, 교칙개정조사위원 (회장), 다이쇼 7년~ 쇼와 6년 종신유지원, 다이쇼 11년 고(故) 오쿠마 후작 기념사업 후원회 회장	와세다대학
메이지법률학교	메이지 44년~ 대학 평의원	메이지대학

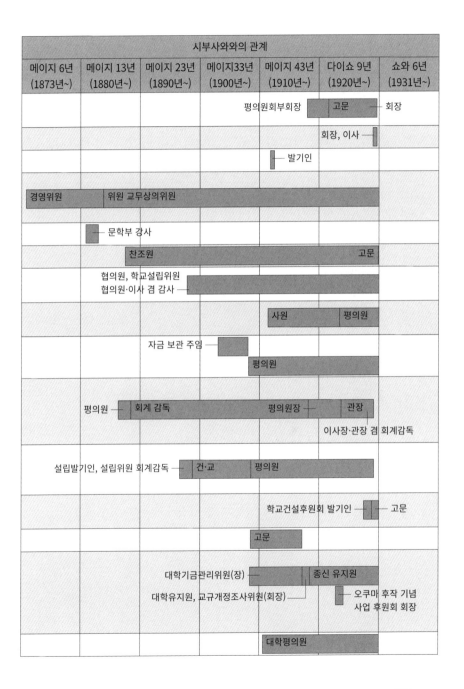

시부사와와의 관계

메이지 6년 (1873년~)	메이지 13년 (1880년~)	메이지 23년 (1890년~)	메이지33년 (1900년~)	메이지 43년 (1910년~)	다이쇼 9년 (1920년~)	쇼와 6년 (1931년~)
			평의원회부회장		고문	회장
					회장, 이사	
			발기인			
경영위원	위원 교무상의위원					
	문학부 강사					
	찬조원				고문	
	협의원, 학교설립위원 / 협의원·이사 겸 감사					
				사원	평의원	
		자금 보관 주임				
				평의원		
평의원	회계 감독			평의원장	관장	
					이사장·관장 겸 회계감독	
설립발기인, 설립위원 회계감독		건·교	평의원			
				학교건설후원회 발기인		고문
				고문		
		대학기금관리위원(장)		종신 유지원		
		대학유지원, 교규개정조사위원(회장)		오쿠마 후작 기념 사업 후원회 회장		
				대학평의원		

259

센슈학교	매이지 40~42년 상의원	센슈대학
아오야마학원	다이쇼 7년 명예평의원	(학)아오야마학원
황전강구소·국학원대학	메이지 41 찬양, 고문	국학원대학
재)후타마쓰의회	메이지 43년 고문, 다이쇼 6년 회장·이사·평의원, 다이쇼 8년 사장·이사	(학)후타마쓰가쿠샤
(재)국시관	다이쇼 11년~쇼와 6년 유지위원	(학)국시관
(재)사이타마학생유액회	메이지 35년 ~ 회장	(공재)사이타마학생 유액회

※현재의 회사명이 같더라도 조직이 달라진 경우도 있음.

※같은 단체명이라도 시기에 따라 조직이 달라진 경우도 있음.

※ 회사 이름은 《청연 시부사와 선생님 칠순 축하 기념첩青淵渋沢先生七十寿祝賀会記念帖》 (메이지 44년(1911년) 봄)에서 발췌.

※사회복지사업에 관해서는 《시부사와 에이이치 전기자료》 소유관계자료를 참고해 작성

				상의원		
					명예 평의원	
				찬양, 고문		
			고문	회장·이사, 평의원	사장·이사	
				유지위원		
			회장			

261